阅读中国 · 外教社中文分级系列读物
Reading China　SFLEP Chinese Graded Readers

U0558620

总主编　程爱民

中国神话与传说

Chinese Myths and Legends

编者　六级主编　鹿钦佞
　　　张熠程

六级
3

上海外语教育出版社
SHANGHAI FOREIGN LANGUAGE EDUCATION PRESS

主编的话

　　每个学习外语的人在学习初期都会觉得外语很难，除了教材，其他书基本上看不懂。很多年前，我有个学生，他大学一年级时在外语学院图书室帮忙整理图书，偶然看到一本《莎士比亚故事集》，翻了几页，发现自己看得懂，一下子就看入了迷。后来，他一有空就去图书室看那本书，很快看完了，发现自己的英语进步不少。其实，那本《莎士比亚故事集》就是一本牛津英语分级读物。这个故事告诉我们，适合外语学习者水平的书籍对外语学习有多么重要。

　　英语分级阅读进入中国已有几十年了，但国际中文分级教学以及分级读物编写实践才刚刚起步，中文分级读物不仅在数量上严重不足，编写质量上也存在许多问题。因此，在《国际中文教育中文水平等级标准》出台之后，我们就想着要编写一套适合全球中文学习者的国际中文分级读物，于是便有了这套《阅读中国·外教社中文分级系列读物》。

　　本套读物遵循母语为非中文者的中文习得基本规律，参考英语作为外语教学分级读物的编写理念和方法，设置鲜明的中国主题，采用适合外国读者阅读心理和阅读习惯的叙事话语方式，对标《国际中文教育中文水平等级标准》，是国内外第一套开放型、内容与语言兼顾、纸质和数字资源深度融合的国际中文教育分级系列读物。本套读物第一辑共 36 册，其中，一—六级每级各 5 册，七—九级共 6 册。

　　读万卷书，行万里路，这是两种认识世界的方法。现在，中国人去看世界，外国人来看中国，已成为一种全球景观。中国历史源远流长，中国文化丰富多彩，中国式现代化不断推进和拓展，确实值得来看看。如果你在学中文，对中国文化感兴趣，推荐你看看这套《阅读中国·外教社中文分级系列读物》。它不仅能帮助你更好地学习中文，也有助于你了解一个立体、真实、鲜活的中国。

程爱民

2023 年 5 月

目 录

第一章

盘古开天地

自古以来，人们就对世界的起源十分好奇。在科学不发达的古代，不同地区和民族的人们都试图回答过这个问题。不管是东方还是西方，几乎每个国家和地区都有自己关于世界起源的美丽神话。西方人说，世界是上帝花费了六天的时间创造出来的；而在古代中国，人们认为创造世界的英雄叫盘古。

虽然盘古是中国神话传说中最古老的神，但是从流传至今的古书来看，"盘古开天辟地"被记载进书中的时间并不算早。一般认为，这个神话最早的文字记载出现在三国[1]时期徐整所写的《三五历记》中，距离今天约有1 800

[1] 三国时期从公元 220 年开始至公元 280 年结束。

本级词

上帝 | Shàngdì
God

花费 | huāfèi
to spend (time or money)

英雄 | yīngxióng
hero

时期 | shíqī
period

所 | suǒ
by (used before a verb to form a noun phrase)

超纲词

起源 | qǐyuán
origin, beginning

开天辟地 | kāitiān-pìdì
the creation of the world

1

年。虽然盘古开天辟地出现在书本中的时间较晚，但许多学者认为，这个故事此前就已经在民间流传了上百年，甚至千年。

盘古开天辟地的神话故事描述了世界最初是什么样子的，天和地是如何分离的，分离花了多长时间，太阳、月亮、高山、河流和森林是如何产生的，风、云、雷、雨和闪电是怎么形成的，等等。

盘古开天辟地

很久很久以前，天和地还没有分开，他们只是黑暗混沌的一团，如同一个巨大的鸡蛋。在这个"鸡蛋"里面，所有东西都混合在一起，无法分开。盘古，这个创造世界的神，就在这个大"鸡蛋"中慢慢成长，沉沉地睡了18 000年。

突然有一天，"鸡蛋"里面的盘古终于睡醒了。他一觉醒来，发现四周是一片无边的黑暗，什么都看不见，身体好像被什么东西紧紧包裹着，异常难受。他实在忍受不了了，便使出积累了18 000年的力量，双手一撑，双脚一踢。随着一阵巨大的响声，大"鸡蛋"裂开了。慢慢地，里面那些像

蛋清一样轻而清的物质往上浮，变成了天空；那些像蛋黄一样重而浊的物质向下沉，变成了大地。

这个时候，盘古终于可以自在地活动身体，大口地呼吸了。广阔的天地让他体会到了从没感受过的轻松和愉快。但他又忽然想到：要是天和地再次合在一起怎么办？我难道又要回到一片混沌和黑暗之中吗？一想到这儿，盘古马上站起来，双手托起天空，双脚踩着大地，防止天和地再次合在一起。

盘古站在天和地之间。天每升高一米，地每加厚一米，盘古的身体也跟着增长一米。天在不断地变高，地在不断地变厚，盘古像一根柱子一样孤独地立在天和地之间。就这样又过了18 000年，天已经升得极高，地已经变得极厚。盘古不必担心天和地会再次合在一起了，心里终于踏实了。最终，他消耗完了所有的体力和精力，支撑不住，累得倒了下去。

本级词

清 | qīng
pure, clear, clean

浮 | fú
to float

自在 | zìzài
free, unrestrained

广阔 | guǎngkuò
vast and wide, broad

从没 | cóng méi
never before

愉快 | yúkuài
happy, joyful

托 | tuō
to support sth. from under

踩 | cǎi
to step on

柱子 | zhùzi
pillar, post

孤独 | gūdú
lonely, solitary

踏实 | tāshi
steady and sure

最终 | zuìzhōng
finally

消耗 | xiāohào
to consume, to use up

支撑 | zhīchēng
to support

超纲词

蛋清 | dànqīng
egg white

蛋黄 | dànhuáng
egg yolk

浊 | zhuó
muddy

本级词

照耀 | zhàoyào
to shine, to enlighten

黑夜 | hēiyè
night

血液 | xuèyè
blood

海洋 | hǎiyáng
the ocean

血管 | xuèguǎn
blood vessel

融入 | róngrù
to blend into, to integrate

奉献 | fèngxiàn
to offer up, to devote

诞生 | dànshēng
to be born

开创 | kāichuàng
to start, to found

家园 | jiāyuán
home, homeland

因 | yīn
because of

死亡 | sǐwáng
to die

中华 | Zhōnghuá
China

超纲词

万能 | wànnéng
omnipotent

盘古倒下后，他的身体发生了巨大的变化。他口里吐出的气变成了风和云，他的声音变成了雷声，他眼里的光变成了闪电。他的左眼变成了太阳，挂在天空，照耀着大地；他的右眼变成了月亮，为黑夜带来光明。他的手、脚和身体变成了五座高山，血液变成了河流和海洋，血管变成了道路，头发变成了森林，就连他身上出的汗也变为了雨水。他融入了天地之间，把身体的每一部分都奉献给了这个新诞生的世界。

盘古孤独地来到这个世界，又独自离开了他所开创的世界，但他给后来的人类留下了一个幸福的家园。这个美丽的新世界正等待着人类的出现。

盘古是中国神话众多的创世神中唯一因创世而死亡的神。从这个神话中，我们能感受到中华民族的人本主义[1]思想。世界不是万能的神轻轻松松创造出来的，而是盘古花了18 000年才完成的事业。他创造世界的方式有些简单、原

---

[1] 人本主义（humanism）认为，人有能力决定自己的目的和行动的方向。

始——就那么孤独地站着，两手撑天、双脚蹬地。但他通过 18 000 年的坚持，创造了新的世界。

盘古开天辟地的故事表面上是在描述世界的起源，实际上却是中国古代人民对人类辛苦劳动的赞美。人的本质在于劳动，劳动使得人类区别于其他动物。只要生命不息，劳动不止，人类就可以靠着自己的双手开天辟地、创造世界——这正是盘古神话最深刻的思想核心。中华民族不怕困难、自我牺牲、为民奉献的精神，在这个神话故事中体现得淋漓尽致。

2019 年，中国民族品牌、知名手机厂商华为宣布其初代手机操作系统研发成功，取名"鸿蒙"。该词形容盘古开天辟地前，天地一片混沌的样子。以此为名，正代表着华为在新的领域开天辟地的决心。

本级词

表面上 | biǎomiàn shang
seemingly, apparently

却是 | quèshì
but

本质 | běnzhì
essence, nature

于 | yú
in/at/on, from

止 | zhǐ
to stop

核心 | héxīn
core

自我 | zìwǒ
oneself

牺牲 | xīshēng
to sacrifice

品牌 | pǐnpái
brand

知名 | zhīmíng
famous, well-known

厂商 | chǎngshāng
manufacturer

研发 | yánfā
to research and develop

超纲词

蹬 | dēng
to step on

赞美 | zànměi
to praise

淋漓尽致 | línlí-jìnzhì
vividly and thoroughly

领域 | lǐngyù
field, territory

拓展阅读

混沌之死

很久很久以前，世界上没有陆地，只有<u>宽阔</u>的海洋。那时，南方和北方的海里各住着一个神，分别叫"倏"和"忽"。中央的海里也住着一个神，叫"混沌"。倏和忽常常一起到混沌家里玩。混沌每次都非常热情地招待两位朋友。有一天，倏和忽在一块儿商量要怎么报答混沌。他们说："我俩都有一双眼睛、一双耳朵、一张嘴和一个鼻子，可以用来看呀、听呀、吃呀、闻呀，但是混沌脸上什么都没有。不如我们去帮他挖几个洞，这样他也跟我们一样有眼、耳、口、鼻啦。"于是，他们俩就带上工具去了混沌家。他们一天给混沌挖一个洞，七天挖了七个洞，终于帮混沌造出了一双眼睛、一双耳朵、一张嘴和一个鼻子。但是，可怜的混沌让他的好朋友这么一弄，死掉了。

这个故事出自《庄子》[1]。故事中，混沌是被倏和忽的"好意"弄死的。这个故事说明了"无为而治"的重要性——每件事情的产生和发展都有特定的规律，人不应该过分干涉。

本级词

宽阔 | kuānkuò
broad (perspective)

挖 | wā
to dig

啦 | la
[used at the end of the sentence to express joy]

干涉 | gānshè
to interfere

超纲词

招待 | zhāodài
to serve, to entertain

[1] 《庄子》由两千多年前的哲学家庄周所写。这本书对中国文学、文化的发展有着非常深刻的影响。

一、选词填空。

盘古的身体分别变成了什么？

1. 眼睛 _____　　　A. 雷声

2. 声音 _____　　　B. 风、云

3. 汗水 _____　　　C. 雨水

4. 血液 _____　　　D. 高山

5. 手脚和身体 _____　　E. 太阳和月亮

6. 吐出的气 _____　　F. 河流和海洋

二、根据文章选择正确答案。

1. "盘古开天辟地" 的故事中，世界最初是什么样的？ _____

   A. 天和地还没分开，像一个大鸡蛋。　　B. 没有空气，不能呼吸。

   C. 到处都是海洋，没有陆地。　　　　　D. 住着很多神。

2. 盘古花了多长时间来开创世界？ _____

   A. 1 800年　　　　B. 9 000年　　　　C. 18 000年　　　　D. 36 000年

3. "盘古开天辟地" 这个故事最深刻的思想核心是什么？ _____

   A. 向古代中国人解释了世界的起源。　　B. 劳动可以创造世界、改变世界。

   C. 说明人类的地位高于其他动物。　　　D. 告诉人们要主动奉献自己的一切。

4. "混沌之死" 这个故事，主要是想说明什么？ _____

   A. 交朋友时要小心谨慎。

   B. 朋友对你好，你也应该对朋友好。

   C. 时间在开创世界的过程中起到了重要作用。

   D. 人不应该过分干涉事情发展的自然规律。

三、思考与讨论。

1. 你们国家或者民族的古代传统神话是如何解释世界起源的？

2. 你们国家的创世神话对人们现在的生活是否还有影响？请举例说明。

第二章 女娲的故事

本级词

景 | jǐng
view, scenery

有关 | yǒuguān
to have sth. to do with

超纲词

女神 | nǚshén
goddess

生育 | shēngyù
to give birth to, to bear

盘古死后，这个新诞生的世界上只有美景，没有人类。那么人类是怎么来的？这个问题和女神女娲（wā）有关。

关于女娲的形象，千百年来流传着许多不同的说法。其中流传最广的说法是，女娲半人半蛇，长着人的身体，蛇的尾巴。在中国传统神话中，蛇代表着生育。

大约2 300年前，战国[1]时期的楚国诗人屈原在《楚辞·天问》中就提到了女娲。由此可知，那时"女娲造人"的传说就已经在中华大地上流传了。

[1] 战国时期约从公元前476年开始至公元前221年结束。

女娲造人

盘古死后的世界里，天上有太阳、月亮，地上有山川、河流。时光流过，又不知过了多少年，这个世界迎来了一位女神，名叫"女娲"。

这天，女娲独自在天地间游玩，欣赏着美景，但她总觉得这个世界上缺少点什么。她边走边想，到底应该添点什么呢？走着走着，女娲来到河边，准备喝水。她低头看着河水中自己的影子，突然想到："对啊，世界这么广阔，应该有许多跟我一样的生命才对。这样才有意思呀！"于是，她抓起了地上的黄土，加了点河水，按照自己的样子捏出了一个可爱、漂亮的泥娃娃。这个泥娃娃同她几乎一模一样，就是一个袖珍的女娲。只不过女娲去掉了她的尾巴，做了两条腿来代替。当女娲把这个泥娃娃放到地上时，这个小东西突然有了生命。她的眼睛睁开了，嘴巴也张开了，脸上还带着笑容，能说会走，还在女娲身边跳起了舞蹈。女娲对自己的作品非常满意，把这个新创造的生命叫作"人"。她决定要继续这项伟大的造人工程，造出不计其数的人，让世界充满欢乐。于是，她找来黄土，日夜不停地捏呀捏呀，捏出了许许

本级词

迎来 | yínglái
to welcome

游玩 | yóuwán
to go sightseeing, to play

添 | tiān
to add

低头 | dītóu
to lower one's head

泥 | ní
mud

娃娃 | wáwa
doll

同 | tóng
as, like

一模一样 | yìmú-yíyàng
exactly the same

袖珍 | xiùzhēn
tiny, pocket-size

去掉 | qùdiào
to get rid of, to remove

笑容 | xiàoróng
smile

舞蹈 | wǔdǎo
dance

日夜 | rìyè
day and night

超纲词

捏 | niē
to pinch

不计其数 | bújì-qíshù
countless, innumerable

多多的人。这些人让世界慢慢热闹起来了。女娲的心中充满了成就感和满足感。她再也不孤独了，因为世界上已经有了她的儿女。

可是，世界实在太广阔了。要让世界热闹起来，用手捏人的速度还是太慢了。怎样才能立刻让大地上到处都是人呢？她不禁有些发愁。这时，女娲看到了一旁掉在泥里的树枝。她灵机一动，随手拿起这根树枝，朝地上一甩，只见数不清的泥点落在地上，立刻变成了人。这个方法太妙了！女娲不停地甩啊甩啊……不知过了多久，女娲造出的人终于布满了大地，到处都能看到人们的笑脸，听到人们的笑声。女娲终于可以休息了。

但过了一段时间，女娲发现人的数量在一天天减少。原来，在这个世界上生活了一段时间后，人们就会变老死去。女娲想："这样下去，人类早晚要死光的。难道要我不停地造人，死亡一批再造一批吗？这样太麻烦了。"于是，女娲把人类分成男人和女人，又建立了婚姻制度，让男人和女人可以结婚，一起繁殖下一代。从此，人类就在这片土地上生存了下来。

神用泥土创造人的神话在世界各民族的神话中都很常见。从世界范围看，产生"用土造人"这种神话的，多半是农业发展较早的地方。在古人眼中，"土"是非常神圣的，具有强大的生命力。它像母亲，给予万物生命。土地能生出万物，自然也能生出人。

女娲造人的神话反映了人类早期社会的生活状况。人类历史的早期是母系社会，妇女在生产生活中占据主导地位和支配地位。母亲在家庭关系中处于强势地位，子女只认母亲。因此，在创造人类的神话中没有男性。女娲建立了人类的婚姻制度，从中我们也可以看出原始母系社会是以女性为中心的。创世神话中，开天辟地的盘古是男性，而负责造人的女娲是女性。这种分工也能看出中国古代对男女社会功能的理解：即男性负责改造自然，女性负责生育后代。

拓展阅读

和女娲有关的神话故事中，最有名的要数"女娲造人"和"女娲补天"了。四大名著[1]之一《红楼梦》的开头也提到了女娲补天的故事，可见这个故事影响深远。那么，女娲补天说的到底是什么呢？

女娲补天

女娲创造人类以后，许多年来，平静无事。不料有一年，不晓得是什么缘故，宇宙突然发生了巨大的变化。西北的天空塌了下来，露出了一个大洞。天上的雨水一下子全部

[1] 四大名著，中国古典长篇小说中四部经典代表作品，即《水浒传》《三国演义》《西游记》《红楼梦》。

妇女 | fùnǚ
woman

占据 | zhànjù
to occupy, to take over

强势 | qiángshì
dominant, strong position

分工 | fēn gōng
division of labour

开头 | kāitóu
beginning

不料 | búliào
unexpectedly

晓得 | xiǎode
to know, to understand

缘故 | yuángù
cause, reason

露 | lù
to reveal, to expose

本级词

遭受 | zāoshòu
to suffer

当成 | dàngchéng
to regard as

暴雨 | bàoyǔ
rainstorm

偏 | piān
slightly

至于 | zhìyú
as for, as to

岛 | dǎo
island

超纲词

熔化 | rónghuà
to melt

砍 | kǎn
to chop, to cut down

流到地上，把大地变成了海洋，人类已经无法生存下去了。

女娲看见她亲手创造出来的人类正在遭受灾难，生活得如此痛苦，心疼极了。她决心把这个大洞补上，让人们重新过上幸福快乐的生活。

这是一项巨大而艰难的工作！她先从河流、海洋里挑选了许多五颜六色的石子，再用火把这些石头熔化。女娲在地面和天空间飞上飞下，用熔化的石头一点一点地补洞。她怕补好的天空再次塌下来，便从大海里抓来一只神龟，把神龟的四只脚砍下来当成柱子，将西北边刚补好的天空支撑起来。从此以后，天空再也没有塌下来的危险了。天空补好后，暴雨停了，水退了，土地又露了出来。

虽然女娲补好了天，但那只神龟的脚有点短，因而西北方向的天空偏低一些。当女娲把掉在地上的太阳和月亮重新放回天上时，日月开始慢慢地向西北方向移动。从此以后，太阳和月亮都从东南方向升起，慢慢向西北方向移动，然后再落下；而地上的河流总是向东南方向流去。

至于那只失去了四只脚的神龟，则变成了大海里的一座龟岛，日日夜夜守护着人类。

一、根据文章判断正误。

（　　　）1. 在中国传统神话中，蛇代表着罪恶。

（　　　）2. 女娲按照自己的样子，造了一个和自己一模一样的泥娃娃。

（　　　）3. 女娲建立婚姻制度，让人类自己繁殖后代，替她担负造人的责任。

（　　　）4. 女娲不小心把天空弄塌了，所以她要替人类把天补上。

（　　　）5. 女娲补天时不太仔细，造成西北方向的天空偏低了一些。

二、根据文章选择正确答案。

1. 关于女娲的形象，下列哪一项正确？ _____

    A. 人首蛇身　　　　　　　　　B. 蛇首人身

    C. 长着双手　　　　　　　　　D. 长着双脚

2. 女娲为什么要换一种方法造人？ _____

    A. 因为没有黄土了。

    B. 因为捏泥娃娃太慢了。

    C. 因为她觉得用树枝造人更有意思。

    D. 因为捏泥娃娃造出来的人不好。

3. 在农业文明发展较早的国家中，"土"有哪些意义？请选出错误的一项。

    _____

    A. 像一位母亲。　　　　　　　B. 象征着强大的生命力。

    C. 象征着权力。　　　　　　　D. 象征着神圣。

4. <u>女娲</u>造人的神话反映出人类早期社会的哪些状况？ _____

    A. 男性在生产生活中占据主导地位。

    B. 当时人口众多。

    C. 以女性为中心的婚姻关系十分复杂。

    D. 母亲在家庭关系中处于强势地位。

三、思考与讨论。

    1. 在你们国家的神话故事中，人类是怎么诞生的？

    2. 你们国家的神话故事是怎么解释"太阳和月亮东升西落"这一自然现象的？

第三章

伏羲创八卦

"盘古开天辟地""女娲造人"和"女娲补天"的故事，是古代中国人对于世界形成和人类起源的一种神话解释。若具体到中华文化的起点，就一定要说说"三皇五帝"的故事。

"三皇"到底是哪三位，其实并没有统一的说法。流传最广的说法是将伏羲、炎帝和黄帝称为"三皇"。传说，伏羲上身为人，下身为蛇。他极其聪明，善于观察自然，还创造了影响中国文化数千年的八卦图。

本级词

若 | ruò
if

起点 | qǐ diǎn
starting point

15

伏羲创八卦

传说在中国西北有个华胥国。华胥国没有国王，也没有领袖，人们与大自然和谐共生。伏羲的母亲就是华胥国人。有一次，她走到一个名叫"雷泽"的地方，看见地上有一个巨大的脚印。她觉得很有意思，就好奇地踩了下去，想比比大小。她刚踩下去，就觉得身体里有了一种特别的感受。十个月后，她生下了伏羲。伏羲的父亲就是雷泽的主人——那个留下巨大脚印的雷神。

那时候，人们靠打猎、捕鱼和摘野果生存。但是，四季变换和残酷的自然环境使人们无法获得稳定的食物来源。因此，伏羲就开始为部落的人们寻求出路。他学习蜘蛛结网的方法，用绳子编网，大大提高了捕鱼的效率；把网吊在树上，还能用来捕鸟。就这样，人们扩大了食物的来源。

那时的人们还不知道用火来煮食物。捕来的鱼和鸟都只能生吃，这样既不怎么好吃又很容易生病。有一次，下雨的时候，闪电击中一棵大树，着起火来，烧死了森林中的小动物。伏羲发现，被烧过的动物特别好吃。于是，他用树枝将这种天然的火带回部落中，并教大家怎么用火煮食物。从此以后，部落的人都能吃上煮熟的食物了。这种方法改变了人们的饮食习惯，使得食物更易于被人体消化和吸收，也延长了人类的寿命。

远古时代，人们对大自然一点儿也不了解。好好的天气会突然变化，会下雨下雪，会闪电打雷。所有这些现象，谁都不知道是怎么回事，因此人们非常害怕天气变化。伏羲决定要把这个问题解释清楚。为此，他每天观察太阳、月亮、星星的变化，感受春、夏、秋、冬的变更规律。终于，他发现了事物之间的融合和对立，认为事物都有阴阳两面，从而创造了最初的八卦图。

在八卦图中间，黑白两色的圆叫太极图。白为阳，黑为阴。阴阳对立，却互相融合：阴中有阳，阳中有阴，形成一个和谐共生的局面。太极图的四周分布着八个卦，依次是乾卦、巽卦、坎卦、艮卦、坤卦、震卦、离卦、兑卦。
乾卦代表天，坤卦代表地，坎卦代表水，离卦代表火，艮卦代表山，兑卦代表泽（湖），震卦代表雷，巽卦代表风。每个卦有三个爻，"—"表示阳爻，"– –"表示阴爻。伏羲通过阴爻和阳爻的搭配组成八个卦，来表示气候冷热的循环变化。几千年来，八卦图一直在变化。直到今天，还有许多学者在深入研究。

本级词

煮 | zhǔ
to cook, to boil

不怎么 | bù zěnme
not very

天然 | tiānrán
natural

为此 | wèicǐ
for this reason

变更 | biàngēng
to change, to modify

融合 | rónghé
to blend, to mix together

依次 | yīcì
in order

搭配 | dāpèi
to match, to pair up

循环 | xúnhuán
circulation

超纲词

击中 | jī zhòng
to hit the target

寿命 | shòumìng
life-span

远古 | yuǎngǔ
ancient times

本级词

巧妙 | qiǎomiào
clever, skillful

哲学 | zhéxué
philosophy

据 | jù
according to

要素 | yàosù
essential factor, key element

借鉴 | jièjiàn
to use for reference

智慧 | zhìhuì
wisdom

探讨 | tàntǎo
to probe into, to explore

更是 | gèng shì
even more

伏羲发明的八卦图，表面上很神秘，其实是一套巧妙而完美的符号系统。它用阳爻（—）和阴爻（– –）的各种排列组合表示自然变化。17世纪德国哲学家、数学家莱布尼茨发明的"二进制"与中国的八卦符号有相似的地方。二进制用"0"和"1"来表示所有的数，在计算机技术和通信技术中被广泛采用。

据说，在发明二进制之前，莱布尼茨看过一本介绍中国文化的书，里面记载了伏羲八卦图以及"爻""卦"等组成要素。于是他借鉴八卦符号系统，发明了对后世影响深远的二进制。

八卦图体现了中国人的智慧与思维方法，也是当时人们对人与自然关系的一种探讨。八卦图中，阴阳融合与对立的思想对中华民族产生了极其深远的影响。阴中有阳、阳中有阴的思想更是成为中国传统思想的基础之一。春秋[1]时期道家[2]的经典著作《道德经》中就提到"祸兮福所倚，福兮祸所伏"，意思是坏事可能会变成好事，而好事也可能变成坏事。西汉[3]《淮南子》中"塞翁失马，焉知非福"的故事也告诉人们，任何事情都有好坏两个方面。这两个方面并不是固定不变的，而是会互相转化的。

[1] 春秋时期约从公元前 770 年开始至公元前 476 年结束。
[2] 形成于春秋战国时期的一种思想学派，主张顺应自然。代表人物为老子、庄子。
[3] 西汉，时间从公元前 202 年开始至公元 8 年结束。

中国的本土宗教——道教，就将太极八卦图作为标志。道教的功夫太极拳，动作从不固定，一直处于不断转化的状态。此外，由太极八卦图衍生而来的风水学，长期以来一直影响着中国人日常生活的方方面面。如今，中国人虽不像古人那样相信风水，但还是有人会依据风水选择住宅。装修设计师在设计时也会考虑一些风水因素。有些做生意的人在公司开业或上市前，也会聘请风水先生算一个吉利的日子。

除了中国，八卦对亚洲其他国家的文化也产生了深远的影响：韩国的国旗就化用了太极八卦图，蒙古国的国旗中也有太极图的标志。

拓展阅读

钻木取火

很久很久以前，在很远的西方，有一个遂明国。因为这个国家太远了，所以太阳和月亮的光都照不到那儿。但是那儿有一棵大树，名叫"燧木"。这棵树异常高大，看起来就像一大片的森林。这棵树的树干上到处都有美丽的火光，火光照耀着四周，景象非常壮观。遂明国的人虽看不见太阳和月亮，但每天都能在燧木的火光中劳动、休息、吃饭、睡觉。

一天，有一个人来到了遂明国。他十分好奇，为什么这棵树会持续不断地产生火光？经过多日的仔细观察，他发现树上住着一群红嘴黑背的鸟。为了找虫吃，这些鸟会不时地

本土 | běntǔ
local, one's native country

宗教 | zōngjiào
religion

道教 | Dàojiào
Daoism

从不 | cóng bù
never

虽 | suī
although

住宅 | zhùzhái
house, residence

设计师 | shèjìshī
designer

因素 | yīnsù
factor, element

上市 | shàngshì
to appear on the market

聘请 | pìnqǐng
to engage, to invite

吉利 | jílì
lucky

国旗 | guóqí
national flag

钻 | zuān
to drill

壮观 | zhuàngguān
magnificent

超纲词

衍生 | yǎnshēng
to derive

化用 | huà yòng
to transform

用短而硬的鸟嘴去啄树干。树干立刻就发出了火光。那个人受到这种景象的启发，想到了取火的办法。他捡起了一根小树枝，学着那些鸟的样子，用小树枝去敲树干。但这样做并没有火光。他又仔细观察了鸟的样子，终于发现鸟的嘴是旋转着钻进树干里的。于是，他用两手搓着小树枝，边转动小树枝边钻树干，费了好长时间，树干终于开始冒烟起火了。他兴奋地跑回去，把这种取火的方法教给人们。这样，人们想要火就可以有火，不必等待天然的火，也不必常年守着火堆、担心火被吹灭了。人们非常感谢这个聪明的人，因此把他叫作"燧人"，意思就是"拿火来的人"。正因为他，人们享受到了光明，不再生活在黑暗中。人类终于征服了火。

这就是燧人氏钻木取火的故事。

一、根据文章填写正确的词语。

1. 一般认为，"三皇"是＿＿＿＿＿＿＿＿＿＿、＿＿＿＿＿＿＿＿＿＿和

＿＿＿＿＿＿＿＿＿。

2. ＿＿＿＿＿＿＿＿＿＿＿＿和＿＿＿＿＿＿＿＿＿＿＿＿＿，使远古时

期的人们无法获得稳定的食物来源。

3. 伏羲教大家用火煮食物，这种方法使得食物＿＿＿＿＿＿＿＿＿＿＿＿

＿＿＿＿＿＿＿＿＿＿＿＿＿＿＿＿＿＿＿＿＿＿。

4. 伏羲通过＿＿＿＿＿＿＿和＿＿＿＿＿＿＿的搭配组成八卦，以此来表示

＿＿＿＿＿＿＿＿＿＿＿＿＿＿＿＿＿＿。

5. 德国哲学家、数学家莱布尼茨发明的＿＿＿＿＿＿＿＿＿，与中国的八卦

符号有相似的地方。

6. 由太极八卦图衍生而来的风水学，如今可能会应用在＿＿＿＿＿＿＿＿、

＿＿＿＿＿＿＿＿和＿＿＿＿＿＿＿＿＿＿＿＿＿等场合。

7. "燧人"的意思是＿＿＿＿＿＿＿＿＿＿＿＿＿。

二、根据文章选择正确答案。

1. 下列哪些选项没有体现中国传统思想中的"阴阳融合"？＿＿＿＿＿＿

A.太极八卦图　　　　　　　　　B.二进制

C.塞翁失马，焉知非福　　　　　D.祸兮福所倚，福兮祸所伏

2. 将太极八卦图作为标志的中国本土宗教是＿＿＿＿＿＿。

A.道教　　　　B.佛教　　　　C.基督教　　　　D.伊斯兰教

3. <u>燧人氏教会人们</u>_____。

    A. 打猎捕鱼   B. 煮食物

    C. 观察四季   D. 钻木取火

三、思考与讨论。

1. 你们国家的神话中，关于"火"有什么样的故事？

2. 请上网查找"塞翁失马"的故事，说说你的生活中是否也发生过类似的事？

第四章

炎帝神农氏

炎帝在"三皇"中位列第二。他姓姜，是当时一个姜姓部落的首领。炎帝也被称为"神农氏"，因为他是中华农耕文明的始祖。他为开创中华的早期文明，为中华民族的繁荣昌盛作出了巨大贡献。

传说炎帝长着牛头人身，肚皮是一层透明的膜，从外头就可以看到食物进入肚子以后的种种变化。将农耕文明的始祖想象成"牛首人身"的样子，可见"牛"在中国农耕文明中的重要地位。

本级词

昌盛 | chāngshèng
prosperous

贡献 | gòngxiàn
contribution

膜 | mó
membrane

外头 | wàitou
outside

种种 | zhǒngzhǒng
all kinds of

首 | shǒu
head

超纲词

首领 | shǒulǐng
leader

农耕 | nónggēng
farming

始祖 | shǐzǔ
the earliest ancestor

神农尝百草

伏羲时代没有农业，人们靠打猎捕鱼生存。即使每天都很辛苦地外出打猎，也不一定能找到食物。河里的鱼、森林里的小动物、果树上的果实，它们生长的速度怎么赶得上人类消耗的速度？一旦野生动物和树上的果实被吃完了，人们就会被饿死。

炎帝看见逐渐增长的部落人口，既高兴又担心。高兴的是人口增多，部落逐渐兴旺起来；担心的是自然资源不足，眼看人类将要遭受一场大灾难。

于是，炎帝冒着生命危险，历经了千辛万苦，终于在南方一个风景优美的地方找到了一种适合吃的植物。他教百姓在春天时把这种植物的种子种在土里，经常灌溉，拔掉杂草，到秋天的时候就能获得丰收。他还发明了很多种地用的工具，并教大家工具的用法。他带领人们制造出了煮饭用的锅，教人们用锅储存食物。从此以后，只要肯劳动，就再也不会挨饿了；只要肯劳动，就可以换来生活所需要的一切。炎帝的部落成为中华大地上第一个从打猎转为种田的部落。人们的生活稳定了下来，不用到处搬家了。大家都非常感激炎帝的贡献，于是尊敬地叫他"神农"。

除了在农业方面的贡献，炎帝更重要的贡献还在于创立了医药学，保证了人们的生命和健康。在炎帝之前，要是有人误吃了有毒的东西，大家往往没有办法，只能看着他痛苦地死去。炎帝看到人们受到疾病的威胁，心里非常痛苦。

炎帝有一条神奇的鞭子。世界上的各种植物，只要被这条神鞭打一下就会变色，通过颜色就能判断它是否有毒。于是，他教大家认识有毒的植物。从此以后，误吃有毒植物的人越来越少了。

为了进一步弄清楚这些植物的具体功能，炎帝决定亲自尝遍所有的植物。这样就能更准确地找出治疗某种疾病的草药，能更好地根据患者的病情治病，让他们尽快康复。炎帝的身体是透明的，他可以从外部看到自己心、肝、肺、肠、胃的变化。因此，炎帝可以清楚地知道草药是如何在身体里发挥作用的。他还专门做了两个口袋，每尝一样植物，要是觉得它能做粮食，就放在左边口袋里；要是觉得它能保健治病，就放在右边口袋里。

有一次，他尝了一片新鲜的小绿叶。小绿叶一进肚子，就像"清洁工"一样，开始清洁肠胃里的细菌，让人十分舒服。这种小绿叶就是"茶"。此后，神农尝草药中毒时，都会立即吞下一大把茶叶来急救，以减轻中毒的症状。传说炎帝每天都会中毒几十次，幸亏他能够通过透明的身体马上知道发病的部位，才能很快找到解决的办法。

有一天，炎帝发现一种很可爱的小黄花，便摘下一枝尝了尝。不一会儿，他的指头变黑，舌头变硬，肚子疼得很厉害。他低头一看，自己的肠子已经开始发炎。炎帝马上吃下一大把茶叶，但情况并没有好转。最后他看着自己的肠子断成好几段，没过多久就死了。

炎帝神农氏用自己的智慧和生命，为中华民族的生存和发展做出了伟大的贡献。

神农尝百草的故事在中国广为流传。湖北省西部有个神农架林区，传说就是神农尝百草的地方。据说，他在这一带尝遍各种草药之后，写成了中国最早的中药学著作《神农本草经》。其实，这本书是秦汉[1]时期的众多医学家整理而成的。他们为了纪念炎帝神农氏，才将中国的第一部医学著作

[1] 秦汉，即秦朝和汉朝。秦朝约从公元前221年到公元前207年。汉朝从公元前202年到公元220年。两个朝代一共约440年，是中国历史上第一个强盛的时期。

命名为《神农本草经》。由此可见神农尝百草的神话故事在中国人心中的地位之高。

　　神农尝百草的神话真实地反映了远古人类为改善自身的生存状况所做的种种努力。而炎帝这个神话人物，代表的正是当时人类在与大自然的斗争中，改造自然的集体智慧。

拓展阅读

　　在中国神话中，和"火"有关的神有很多，如伏羲、燧人、祝融等，但只有祝融被称为"火神"。祝融是炎帝的后代，掌管着夏天，代表着光明。

火神祝融与水神共工

　　火和水都是人们生存所必需的东西。人们生活在河边，很容易就能得到水，而火却没有那么容易得到。那时，人们只能等到闪电击中大树的时候才能得到天然的火。所以，他们要常年守着火堆看着火，防止它被风吹灭。尽管后来燧人氏教会大家钻木取火，但并不是所有木头都能钻出火来，获得火还是要远远难于获得水。此时，祝融发现了"击石取火"的方法，用两块石头互相敲一敲，就可以产生火花。这大大方便了人们的生活，因此，大家都非常尊敬火神祝融。

　　这引起了水神共工的不满。"为什么水和火一样重要，但是人们却只崇拜祝融？！"共工一怒之下，调来了江河湖

本级词

斗争 | dòuzhēng
to fight, to strive for

如 | rú
for example

看 | kān
to look after

远远 | yuǎnyuǎn
far away

崇拜 | chóngbài
to adore, to worship

超纲词

命名 | mìngmíng
to name, to give a name

掌管 | zhǎngguǎn
to control, to be in charge of

一怒之下 | yí nù zhī xià
in a fit of rage

27

本级词

宫 | gōng
(imperial) palace

陷入 | xiànrù
to sink into, to fall into

军队 | jūnduì
army

混乱 | hùnluàn
confused

监测 | jiāncè
to monitor

太阳能 | tàiyángnéng
solar energy

传输 | chuánshū
to transfer, to transmit

接收 | jiēshōu
to receive

仪器 | yíqì
appliance, instrument

超纲词

浇 | jiāo
to pour, to water

海的水，浇灭了祝融宫中常年不灭的灯火，搞得大地陷入一片黑暗。祝融大怒，他重新点燃灯火，骑着火龙，率领军队和共工打了起来。他们从山顶打到陆地，又从陆地打到水里。祝融用大火烧干了共工调来的水。眼看共工就要输了，但他不愿意死在祝融手上，就向着不周山，一头撞了上去。顶着天的不周山被共工撞断了。西北方向的天空塌了，天上露出了一个大洞。太阳月亮都掉到了大地上，雨水也从这个洞里流到大地上，大地立刻变成了海洋。世界陷入一片混乱。而共工最后也不知跑哪儿去了。

2021年5月15日，在地面控制中心的监测下，中国首辆太阳能火星车成功登上火星。两天后，它从火星传输回了几张照片，这是中国第一次接收到来自火星的问候。有趣的是，这辆火星车以火神"祝融"为名，这给这台冷冰冰的仪器添上了一份神话般的浪漫色彩。

一、根据文章判断正误。

（　　　）1. 炎帝也被称为"神农氏"，因为他是一个很厉害的农民。

（　　　）2. 将炎帝想象成"牛首人身"的样子，是因为牛在中国农耕文明中非常

重要。

（　　　）3. 炎帝的部落是中华大地上第一个种田的部落。

（　　　）4. 炎帝看到人们受到疾病的威胁，心里非常痛苦，但他也无能为力。

（　　　）5. 炎帝尝草药的时候，很少中毒。

（　　　）6.《神农本草经》是由炎帝神农氏尝遍各种草药之后写成的。

（　　　）7. 火神祝融主动攻击水神共工，导致天空塌了，大地变成了海洋。

二、根据文章选择正确答案。

1. 以下哪一项不是炎帝的贡献？ ＿＿＿＿＿＿＿

A. 找到了适合人类使用的植物。　　　B. 发明了煮饭用的锅。

C. 发明了一种神奇的鞭子。　　　D. 教大家认识有毒的植物。

2. 火神祝融教会大家如何取火？ ＿＿＿＿＿＿＿

A. 等天然火　　　B. 钻木取火　　　C. 击石取火　　　D. 神力取火

3. 中国第一辆火星车叫什么名字？ ＿＿＿＿＿＿＿

A. 炎帝号　　　B. 祝融号　　　C. 神农号　　　D. 燧人号

三、思考与讨论。

1. 为什么炎帝也被称为"神农氏"？你认为炎帝最大的贡献是什么？为什么？

2. 你认为"共工撞不周山"和"女娲补天"是否有关系？为什么？

3. 请上网查找资料，跟大家说说炎帝小女儿"精卫填海"的故事。

第五章

黄帝轩辕氏

　　"三皇"之中最后一位叫黄帝，他是中国远古时期一个姬姓部落的首领。据说，他生活在公元前2717年到公元前2599年，活了118岁。黄帝陵在现在的陕西省黄陵县，这里是历代人们祭拜黄帝的场所。据记载，历史上最早的黄帝祭拜典礼在公元前422年举行，此后一直延续至今。如今，黄帝陵祭拜典礼已被列入国家非物质文化遗产名录。每年清明节时，仍有许多海外同胞来到黄帝陵参加大型祭拜典礼。"黄帝"已成为中华文明的精神标志之一。

黄帝战蚩尤

    黄帝从小头脑灵活，10岁便开始运用自己的聪明才智治理部落，带领人们过上了更好的生活。他不但编制了中国最早的历法，而且在医学上也有重要的贡献。他研究出的一套治病救人的方法，被编成了中国传统医学的四大著作之一——《黄帝内经》。我们日常生活中的许多生活用品都和黄帝有着密切的关系，据说帽子、房屋、床、有轮子的车等都是他发明的。这些现在看起来很普通的用品，在那时可称得上"高科技"。没有车以前，人们出行非常不便。在黄帝发明了有轮子的车以后，人们就能比较轻松地搬运重的东西了。所以黄帝又被称为"轩辕氏"。"轩辕"便是"车"的意思。

    除了陆地上的车，黄帝还发明了最早的船。一天，黄帝干完了活，同大家一起坐在河边休息。他看到水面上漂来一片树叶，上面还有一只虫子。虽然河水很深，虫子在上面却十分舒服。黄帝指着那片树叶，高兴地对大家说："你们看，虫子停在树叶上，就能在河里浮着。如果有像树叶一样能浮在水面上的东西，人待在上面，不是也同样能在水面上行动吗？"大家听了，都觉得有道理。第二天，他们就找来一根很粗很粗的树干，把它放在河里。树干是浮起来了，可由于树干是圆的，人一爬上去，它就滚了起来，人根本待不住。怎么办呢？这时，黄帝突然想到了他发明的车："我们在树干的中间挖一个洞，人坐在中间，不就行了吗？"大家一听都觉得妙。洞挖好后，人果然能爬上去了。树干在水中

本级词

灵活 | línghuó
flexible, agile

编制 | biānzhì
to compile

用品 | yòngpǐn
articles for use

高科技 | gāokējì
high technology

出行 | chūxíng
to set out on a journey

不便 | búbiàn
inconvenient

便是 | biàn shì
is

指着 | zhǐzhe
to point at

超纲词

历法 | lìfǎ
calendar rules

漂 | piāo
to float

也非常稳。从此，人们渡河就方便多了。

黄帝聪明能干，做事公正，常常由他出面处理各部落的纠纷。因此他受到了周围许多部落的尊敬。当时中国最大的两个部落，便是炎帝部落和黄帝部落。

当时南方有一个部落的首领，名叫蚩尤。他身高两三米，头上长着尖角，还精于制造各种武器。他经常主动发动战争，侵犯其他部落的领地，不让人们好好地生活。

蚩尤看炎帝岁数大了，觉得炎帝好欺负，随便找了个理由就要进攻炎帝部落。黄帝决定支援炎帝，和炎帝联手打蚩尤。他们在河北涿鹿爆发了一场残酷激烈、伤亡众多的战争。蚩尤使用了多种神力，让天刮起了大风，下起了大雨。他还喷出许多黑烟，把黄帝军队困在黑烟之中，五步之外根本看不见人影，更不用说区分东西南北了。混乱中，蚩尤东一下，西一下，把黄帝的部队打得七零八落的。黄帝部队

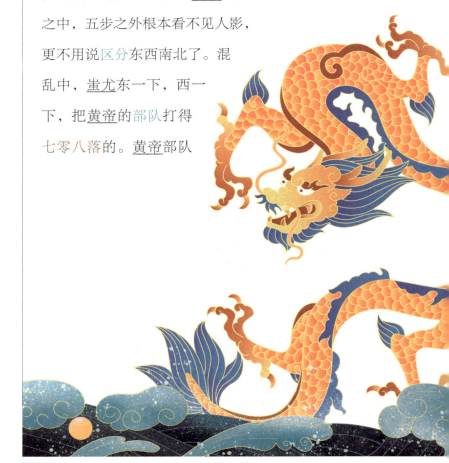

根本无力防守，被逼得只能暂时撤离。面对失败，黄帝非常理智。他带领大家将车改装成了"指南车"。有了指南车，黄帝军队终于冲出了黑烟的包围，摆脱了蚩尤的军队。

战败后，黄帝同大家一起总结作战失败的原因。此时，天上飞下来了一位女子，自称"九天玄女"，愿意教黄帝一些战略战术，帮助黄帝打败蚩尤。之后，黄帝用九天玄女的战术来整顿军队，最终打败并杀死了蚩尤，还把蚩尤的头埋在了河北。今天河北省张家口市的东南方还有一座蚩尤墓。

这场战争过后不久，黄帝和炎帝两个部落正式联盟，周围的一些小部落也积极加盟。大家一致同意让黄帝成为部落联盟的首领。这个新形成的部落，被称为"华夏族"。而华夏族的标志也融合了各个部落的标志图案，如鸟、马、鹿、蛇、牛、鱼等，最后把这些动物拼成了华夏族崇拜的形象——龙，一种大自然中不存在的动物。此后，"龙"的形象开始频繁出现在各种地方，并逐渐成为代表皇帝的符号。

一般认为，黄帝和蚩尤年龄相当。然而，2021年12月清华大学发布的一项研究成果却指出：蚩尤很可能是黄帝的儿子。据此，有学者猜测，神话中有意忽略的蚩尤攻打黄帝的具体原因，也许是蚩尤不满父亲要将部落首领的位子传给其他人，因此背叛了父亲。但这一观点目前并没有得到普遍认同。多数学者还是认为，这就是为了争夺适合农耕的地区而进行的战争。炎帝部落和黄帝部落之所以发展得较快，除了炎帝和黄帝拥有杰出的领导才能之外，还有很大一部分原因是他们占据了有利的地理位置。因此，其他部落常常会对他们发起攻击，进而升级成了一场规模宏大的战争。值得一提的是，传说中蚩尤作战时所骑的动物，就是看起来非常可爱的中国国宝——熊猫。

炎帝 神农氏与黄帝 轩辕氏是中华文明的始祖。他们因各自伟大的历史功绩，受到所有后代子孙的尊敬。自炎 黄二帝后，中国人将自己称为"炎黄子孙""华夏儿女""龙的传人"，至今依然如此。

仓颉造字

汉字是世界上最古老的文字之一，传说是 仓 颉（Cāng Jié）创造的。仓颉是黄帝的助手，负责记录部落里发生的大小事情，比如部落还有多少食物，发生了什么大事，等等。当时人们采用的方法是结绳记事，就是用各种不同颜色的绳子表示不同的事情，在上面打结来表示数量。最初这个办法很有用，但时间长了，人们发现这个办法还是给生活带来了不便。比如，在战争中，黄帝发现用结绳的方法无法准确记录事情的细节，这样很容易导致战争失败。于是他命令仓颉，想一个记录的办法来代替结绳记事。可好长时间过去了，仓颉还是没有想出什么好办法来。

一天，仓颉听到一群人在争论。一些人说要往东走，因为东边有野鸡；一些人说要往西走，因为西边有野牛。仓颉很好奇地问："你们怎么知道东边有野鸡，西边有野牛呢？"那群人回答："看地上的脚印呀！它们的脚印形状不一样。"仓颉突然想到：我可以把鸡的脚印画下来，用它代表鸡呀！世界上任何东西，都有自己的特征。如果能抓住事物的特征，把它的形象画出来，大家一看就认识了。这样多好哇！想到这里，仓颉兴奋极了，马上把这个想法向黄帝报告。

黄帝听后，觉得这个想法很有创意，可以试试。于是他采纳了这个想法，并让仓颉专心地去创造代表各种事物的符号。从此以后，仓颉每天都用心观察生活中的各种东西，

本级词

哇 | wa
ending particle showing approval or consent

创意 | chuàngyì
creative ideas

采纳 | cǎinà
to accept

用心 | yòngxīn
attentively

超纲词

绳子 | shéngzi
rope

35

创建 | chuàngjiàn
to found, to organize

绘画 | huìhuà
painting

另 | lìng
another, the other

印 | yìn
to print

串 | chuàn
to string together

长久 | chángjiǔ
for a long time, permanent

办学 | bànxué
to run a school

讲课 | jiǎng kè
to lecture, to teach

识字 | shí zì
to be literate, to learn to read

超 | chāo
to surpass

日语 | Rìyǔ
Japanese

总量 | zǒngliàng
overall amount

惊人 | jīngrén
amazing, astonishing

成 | chéng
one tenth

创建了一个代表各种事物的符号系统。这些符号就是"字"，每个字都像是一幅简单的绘画。一开始，字都是依照事物的样子造出来的，比如日、月、山、人等等。这样的字叫"象形字"。后来，仓颉又想，一棵树用"木"，那么一些树就用"林"，很多很多树就是"森"……像这样把两个或多个字组合起来，形成另一个意义的字，就叫作"会意字"。这便是汉字最初的形态。

仓颉创造的文字越来越多，要写在哪儿呢？印在泥板上，字不容易保存；刻在木板上又太重了，不方便带在身上。怎么办呢？一天，有个人在河边抓了一只龟。他拿着龟去请仓颉为这个动物创造一个字。仓颉便按照龟的样子，造了一个"龟"字，并把这个字刻在龟壳上。仓颉发现，在龟壳上刻字，字迹非常明显，容易区分；龟壳很轻，也方便随时带着；如果用的龟壳多了，还可以用绳子串起来，以便长久保存。

仓颉把创造的字献给黄帝。黄帝大喜，命令仓颉办学讲课，教部落里所有人识字。就这样，字被逐渐推广了出去。

现在世界上的语言超5 000种，但只有不到一半的语言有相应的文字。文字是人类最伟大的发明之一，它让人类可以将文明成果记录下来，传给后代，使人类文明得以延续。汉字是人类历史上使用最久的文字，日语中也有大量汉字存在。汉字总量虽惊人，但据统计，只要学会3 000个常用汉字，就能读懂九成以上的日常文字资料。

练习

一、根据文章判断正误。

（　　　　）1.《黄帝内经》是黄帝编写的一套医学著作。

（　　　　）2. 黄帝带领的部落，是当时中国最大的两个部落之一。

（　　　　）3. 黄帝利用指南车找到了方向，把蚩尤的军队打得七零八落。

（　　　　）4. 黄帝和炎帝的两个部落联盟，他们两人都是新部落的首领。

（　　　　）5. 世界上的每种语言都有相应的文字。

二、根据文章选择正确答案。

1. 黄帝为什么被称为"轩辕氏"？＿＿＿＿＿＿＿＿

　　A. 因为他制定了中国最早的历法。　　B. 因为他在医学上有重要的贡献。

　　C. 因为他发明了有轮子的车。　　　　D. 因为他发明了船。

2. 关于蚩尤的说法，哪一项不正确？＿＿＿＿＿＿＿＿

　　A. 他擅长制造各种武器。

　　B. 他随便找了一个理由进攻炎帝部落。

　　C. 他曾把黄帝的部队打得七零八落。

　　D. 蚩尤最后是被炎帝杀死的。

3. 关于"龙"，下列哪项说法不正确？＿＿＿＿＿＿＿＿

　　A. 龙是黄帝部落的标志。

　　B. 龙是各个部落的标志融合而成的。

　　C. 龙是大自然中不存在的动物。

　　D. 龙逐渐成为历代皇帝的代表符号。

4. 蚩尤攻打炎帝、黄帝部落的具体原因，最可能的是哪一项？ ＿＿＿＿＿＿

    A. 蚩尤想要展示自己制造的各种武器。

    B. 蚩尤想要争夺适合农耕的地区。

    C. 蚩尤占据了有利的地理位置。

    D. 蚩尤有能力攻打别的部落。

5. 依照事物的样子造出来的字，叫作什么字？ ＿＿＿＿＿＿

    A. 象形字   B. 会意字   C. 指事字   D. 形声字

三、思考与讨论。

1. 你认为黄帝最大的贡献是什么？为什么？

2. 中国人为什么说自己是"炎黄子孙""龙的传人""华夏儿女"？

3. 请上网查找资料，说说黄帝的妻子嫘祖为人们做了什么好事？

　　中华文明起源于"三皇五帝"。和"三皇"一样，"五帝"到底是哪五位也没有统一的说法，但绝大多数说法中都包含尧和舜这两位道德高尚的部落首领。

　　尧和舜当部落首领期间，实行一种禅让制。就是说，首领的位子并不是传给自己的孩子，而是部落里的人通过投票、选举的方式，选出有才能的人当领袖。但这种制度仅执行了两次，即尧禅让给舜，舜禅让给禹。

本级词

绝大多数 | jué dàduōshù
the vast majority

就是说 | jiùshì shuō
that is, in other words

投票 | tóu piào
to vote

选举 | xuǎnjǔ
to elect (by vote)

尧舜禅让

尧做部落首领时，每天吃粗米饭、喝野菜汤，过着艰苦的生活。他测定出了春分、夏至、秋分、冬至[1]的日子，让人们更清楚地知道什么时候该播种子，什么时候可以收获。粮食的产量也逐步提高。

尧时常为人们的生活而担忧。如果部落有一个人挨饿受冻，尧就觉得是自己的缘故导致的；如果有一个人犯了罪，尧也必然会深深自责，认为自己管理不当，才让那个人陷入罪恶中。为了及时了解人们的困难，尧在大道路口立了一根柱子，柱子上有一横一竖两块牌子。横牌子用来指示方向，竖牌子则用来收集人们的意见，类似于现在的"留言板"。往来的人们只管将他们的困难写在牌子上，尧就会为百姓切实解决问题。后来，人们把这种柱子称为"华表"，它也慢慢变成了帝王的标志。历代的帝王都会在宫殿前方立一对华表，表示自己愿意谦虚地听取人们的意见。北京天安门前后就各有一对华表。

渐渐地，尧的岁数大了，他开始考虑继承人的问题。他知道自己的儿子能力不强，脾气太差，根本不适合当领袖。于是，他决定在部落中选择一位领导能力强且道德高尚的人做首领。大家一听，一致向尧介绍舜。

舜的母亲死得早。他的父亲又娶了一个女人。后母生了一个儿子，叫象。后母不喜欢舜，家里的重活、累活都让舜

---

[1] 春分约在每年3月19日至22日，夏至约在每年6月21日至22日，秋分约在每年9月22日至24日，冬至约在每年12月21日至23日。

做，而象就在休息。虽然象从小就非常顽皮，但父母依然很爱他；而舜每天辛苦劳动，却得不到他们的表扬。两兄弟长大后，象每天都在混日子，而舜仍然孝顺父母，关心弟弟。人人都知道舜是一个好人，于是都愿意和他做邻居。舜居住的地方，慢慢变成了一个小小的村庄，没过多久就变成了一个比较大的城镇。

尧听了以后非常满意，但他还是决定先审查一下舜。于是尧给了舜很多牛羊、粮食，想看看舜富有以后会不会骄傲。他还想从多方面了解舜，于是把自己的两个女儿娥皇和女英嫁给舜，还安排自己的九个儿子和舜一起工作。

象看见哥哥舜得到了这么多财产，还娶了两个漂亮的妻子，非常嫉妒。他和父母一起，好几次想杀死舜。

一次，舜的父亲让舜来修屋子。等到舜上了屋顶后，象偷偷把梯子拿走了，接着又放了一把火，企图烧死舜。干草烧得很快，眼看火就要烧到舜的身上了。舜急中生智，把娥皇和女英送给他的两顶帽子拿在手中，像鸟一样从屋顶上飞了下来。舜回到自己家，看到父母和象已经开始在他家里喝酒庆祝了。舜不但没发怒，反而对他们说："你们就在我这儿住吧，反正你们的屋子已经毁了。"

本级词

顽皮 | wánpí
naughty

混 | hùn
to live purposelessly

村庄 | cūnzhuāng
village

城镇 | chéngzhèn
cities and towns

审查 | shěnchá
to examine, to investigate

富有 | fùyǒu
rich, wealthy

骄傲 | jiāo'ào
arrogant, pride

多方面 | duō fāngmiàn
in many aspects, in many ways

拿走 | názǒu
to take away

企图 | qǐtú
to attempt

发怒 | fā nù
to fly into a rage

毁 | huǐ
to destroy, to ruin

超纲词

孝顺 | xiàoshùn
to show filial piety

嫉妒 | jídù
to be jealous of, to envy

梯子 | tīzi
ladder

急中生智 | jízhōng-shēngzhì
quick-witted in an emergency

用火没有烧死舜，他们又策划了一场阴谋。舜的父亲让舜来挖井，等到舜挖得很深的时候，他们就开始往井里填土，打算把舜埋在井里。结果，舜在下面挖了一个通道，逃了出来。这两次事故后，舜对待父母和弟弟还是和先前一样，并没有改变。

可象并没有因为哥哥的原谅而认识到自己的错误。象假装请舜到家里吃饭，还特地准备了很多酒。他拼命地给舜倒酒，想等舜喝醉了再杀死他。可无论喝多少酒，舜还是好好地坐在那里。原来是娥皇和女英担心象会伤害舜，事先给舜吃了药。最后，酒喝光了，菜也吃完了，舜很有礼貌地向父母告别，回家去了。

娥皇和女英把一切都告诉了尧。尧认为舜通过了这一番测试，的确具备领导天下的才能，适合成为部落的首领，于是把首领的位子让给了舜。等舜老了的时候，他也像尧一样，听取民意，把首领的位子让给了成功治理洪水的禹。

有学者认为，尧最大的贡献，就是开创了禅让制。但也有小部分学者对此抱有怀疑的态度，认为这种制度实际上并不存在。尧把首领的位子交给舜并不是自愿的，而是舜发动军事政变的结果；舜也不是主动交权的，也是被禹逼的。如今我们很难说到底哪种说法是真的。但无论真假，人们总是愿意相信美好的事物。因此，舜孝顺父母的故事一直流传至今，成为主流。

《史记·五帝本纪》[1]中说"天下明德皆自虞舜始"，意思是中华民族最完美的道德，是从舜开始的。舜是中国历史上第一个具备完美道德的人。他主张孝顺父母、体谅他人，追求家庭和睦、社会和谐、国家和平。这些都是中华民族几千年来一贯大力倡导的传统美德，也是中华民族道德文化的起点和根本，成为中国人至今仍坚持的行为规范。

当然，从现代的道德标准来看，舜这种无条件孝顺父母的行为过于极端。现实生活中也许根本找不到这样"以德报怨"的人。其实，不仅是现在，生活在2 000多年前的孔子也对"以德报怨"的行为进行过评价。

《论语·宪问》[2]中记载了一段孔子的师生对话。学生问孔子："原谅伤害过我的人，忘记他对我做过的坏事，还给他好处。这样的行为怎么样？"孔子回答："如果这样做的话，你怎么面对那些曾热心给予你援助的人呢？你应该用正直来对待伤害，用好处来报答帮助。"这就是说，孔子认为，如果别人伤害你，你能做到保持正直，不主动伤害对方就很好了；而好处应该留给那些帮助过你的人。可以看出，孔子并不赞成"以德报怨"。无条件地原谅伤害过自己的人，还给他好处，这不仅不能打动他的心，反而会让他更加无礼。同时，对那些帮助过你的人来说，这也是不公平的。

[1] 《史记》，作者司马迁。本书记载了传说中的黄帝时期直至汉武帝太初四年约3 000年的历史。

[2] 《论语》，儒家经典著作，较为集中地体现了孔子及儒家学派的政治主张、伦理思想、道德观念及教育原则等。

本级词

主流 | zhǔliú
mainstream

一贯 | yíguàn
consistent, persistent

大力 | dàlì
strongly

极端 | jíduān
extreme

师生 | shī shēng
teachers and students

援助 | yuánzhù
aid, assistance

这就是说 | zhè jiùshì shuō
that is to say

打动 | dǎdòng
to move

超纲词

体谅 | tǐliàng
to show consideration

和睦 | hémù
harmonious

以德报怨 | yǐdé-bàoyuàn
to repay a grudge with virtue

正直 | zhèngzhí
honest, upright

拓展阅读

许由和巢父

在尧决定把首领的位子交给舜之前，尧还听说过一个道德高尚的人，叫许由。尧亲自去拜访许由，看看许由有没有当首领、治理天下的意愿。许由听了尧的话，当场表示拒绝。许由说："鸟在森林里生活，不过只是占用了一根树枝罢了；鼠在河边喝水，也不过只是喝饱肚子而已。天下虽大，但对我来说没什么用处嘛。"

为了躲开尧，许由当天夜里连忙逃跑，跑到"颍水"这条河旁居住。尧看许由不愿意接受天下，就想请他做首领的助手。许由听了更是讨厌。他觉得这些话侮辱了自己，也弄脏了自己的耳朵，于是赶忙跑到河边去清洗耳朵。这时，许由的朋友巢父牵着一头牛来到河边想让牛喝水。巢父看到许由在清洗耳朵，觉得奇怪，便问许由什么缘故。许由说："尧想让我去做首领的助手，这话真是脏了我的耳朵！"巢父听了他的话，不屑地一笑，说："假如你一直住在远离人群的地方，故意不想让人知道你是个道德高尚的人，别人怎么会知道呢？别人不知道，谁又会来找你的麻烦呢？你自己故意住在人多的地方，自己主动寻求别人的赞赏，现在却又来这儿清洗耳朵。哼，你可不要把我的牛的嘴巴弄脏了。"说完，巢父就牵着牛到别处喝水了。

本级词

有没有 | yǒu méiyǒu
does one have ...

意愿 | yìyuàn
will, wish

用处 | yòngchù
use

嘛 | ma
particle used to express that sth. is obvious

赶忙 | gǎnmáng
hurriedly

清洗 | qīngxǐ
to clean

牵 | qiān
to lead along

远离 | yuǎn lí
to be far from, to keep away from

超纲词

侮辱 | wǔrǔ
to insult, to humiliate

不屑 | búxiè
disdainful

一、根据文章选择正确答案。

1. 关于禅让制，下列哪项正确？ _____

   A. 禅让制出现在中国原始社会早期。　　　B. 禅让制在中国延续了很多年。

   C. 禅让制是一种选举制度。　　　　　　　D. 禅让制是舜开创的。

2. 关于华表，下列哪项正确？ _____

   A. 华表是皇帝用来装饰宫殿的。

   B. 现在我们已经看不到华表了。

   C. 帝王会在宫殿前方立一个华表。

   D. 华表表示皇帝愿意听取人们的意见。

3. 关于尧，下列哪项不正确？ _____

   A. 他当首领时，每天都过着艰苦的生活。

   B. 他找到了一种可以食用的植物，并教人们种植这种植物。

   C. 尧会切实地为百姓解决各类问题。

   D. 尧认为自己的儿子不适合当领袖。

4. 关于舜，下列哪项不正确？ _____

   A. 舜是一个非常孝顺父母、关心弟弟的人。

   B. 舜只喜欢住在大的城镇里。

   C. 舜娶了娥皇和女英两个人。

   D. 象多次想害死舜，但是舜对他还是和以前一样好。

5. 象多次想害死舜。他没有用下面的哪个办法？ _____

    A. 象打算趁舜睡觉的时候烧死他。　　B. 象打算趁舜修屋顶的时候烧死他。

    C. 象打算趁舜挖井的时候埋了他。　　D. 象打算趁舜喝醉的时候杀死他。

6. 文章认为，舜有哪些主张？（多选题） _____

    A. 努力劳动　　　B. 家庭和睦　　　C. 富强民主　　　D. 社会和谐

    E. 国家和平　　　F. 体谅他人　　　G. 以德报怨　　　H. 孝顺父母

7. 孔子是如何评价"以德报怨"的？ _____

    A. 孔子认为这是一种高尚的行为。　　B. 孔子认为这种行为应该推广。

    C. 孔子认为这样做会让坏人更嚣张。　　D. 孔子认为应该用好处来对待伤害。

二、根据文章判断正误。

    （　　　　）1. 许由认为，"天下"对他来说没有什么用处，因此他不想做首领。

    （　　　　）2. 许由洗耳朵是因为他忙着逃跑，全身肮脏。

    （　　　　）3. 巢父牵着牛到别处喝水，是因为他觉得许由弄脏了这条河。

三、思考与讨论。

    1. 你认为在中国原始社会后期，"禅让制"真的存在过吗？为什么？

    2. 你如何评价"以德报怨"的行为？你认为应该如何对待伤害过你的人？

    3. 你赞同巢父的话吗？为什么？

第七章

大禹治水

据记载，世界上大多数民族都有关于大洪水的神话传说，比如中国的"大禹治水"、基督教《圣经》中的"诺亚方舟"[1]等等。这不禁让人觉得很久以前，也许确实存在过一场足以影响全世界的洪水灾难。

大禹治水

尧舜时期，发生了一场巨大的洪水灾害。暴风雨常年不停，人们生存的家园被毁了。有的人在树上建房，有的人回到洞里居住，有的人干脆在船上住了下来，但这些地方也随

本级词

基督教 | Jīdūjiào
Christianity

足以 | zúyǐ
sufficiently

暴风雨 | bàofēngyǔ
tempest

[1] 诺亚方舟（Noah's Ark）出自《圣经·创世纪》。

时都有被洪水淹没的危险。由于洪水长期不退，地上长出了大量的野草，而人们需要的粮食却无法生长，导致食物越来越少，人们都快无法生存下去了。

一开始，尧派了禹的父亲鲧去治理洪水。鲧找到了一种很会吸水的土，所以他决定采取"堵"的办法。他带领人们，用这种土在河中建起了一个堤坝。果然，洪水被挡住了，陆地渐渐出现，人们生存的家园又回来了。但这一切都是暂时的。从长远来看，洪水是堵不住的。洪水不断冲击堤坝，一旦堤坝裂开，人们居住的家园又会被洪水淹没。鲧用这样的办法治理了9年，还是没把洪水治理好。

鲧的年纪大了，他的儿子禹主动提出要代替父亲继续治理水灾。禹知道，"堵"是没有出路的。于是他决定改变策略，采用"通"的方法治理洪水：让不通的河流畅通，才能让洪水最终流向大海。要是原来的河太窄，就要把它挖宽；要是原来的河太少，那就得多挖几条。

为了治水，禹不愿在别的事情上浪费一点时间。有一次，食物刚煮好，因为太热无法用手抓着吃。就在大家都在等食物凉下来的时候，禹却砍下两根树枝，把食物从锅里夹出，吃了起来。从此，为了节约时间，禹总是用树枝把食物夹起来吃。这样既不伤手，又可以省出时间来治理洪水。周围的人纷纷学习。这就是筷子最初的样子。

禹同百姓们一起，花费了13年的时间，整治了300条大河，挖通了3 000条小河，以及数不清的水沟，终于成功地控制住了洪水。治理洪水期间，禹常年在户外劳动，饭不能定时吃，衣服上都是泥也顾不上换，甚至三次路过家门也没进去看看。他出发去治理洪水时，他的孩子刚出生。等他治理好洪水回家时，孩子已经13岁了。母子二人13年来从没见过禹一次。这种为民奉献的精神打动了部落里所有的人。于是舜决定把首领的位子交给禹。而人们为了感谢禹的伟大功绩，称他为"大禹"。

禹老了以后，打算将首领的位子交给伯益，因为伯益懂得动物的语言，发明了捕兽的工具，也是禹治理洪水时的助手。但是禹的儿子启不服，他不愿权力落到别人手上，于是策划发动了一场夺权战争。虽然中间遭到了众多部落强烈的抗议，但启最终还是抢到了部落首领的位子，废除了尧传下来的禅让制，转而实行强化王权的世袭制[1]。启开创了中国历史上的第一个朝代——夏朝。从此，历史进入了一个全新的时期。而尧舜禹的时代，也成为原始社会向国家形态过渡的一个中间环节。

[1] 世袭制，即皇帝去世后，将皇帝的位子传给自己子孙的制度。

本级词

整治 | zhěngzhì
to renovate, to repair

户外 | hùwài
outdoors

定时 | dìngshí
fixed time

顾 | gù
to consider

路过 | lùguò
to pass by

母子 | mǔzǐ
mother and son

服 | fú
to obey

权力 | quánlì
right, power, authority

夺 | duó
to take by force

遭到 | zāodào
to encounter

抗议 | kàngyì
protest

强化 | qiánghuà
to strengthen

全新 | quánxīn
brand new

过渡 | guòdù
to transit

超纲词

废除 | fèichú
to abolish, to repeal

转而 | zhuǎn ér
instead

朝代 | cháodài
dynasty

　　禹"三过家门不入"的故事正是他尽心尽力治理洪水的最佳证明。这种为民奉献的精神，已经成为中华民族精神的象征之一。几千年来，中国人一直十分重视团队精神，强调的是保护国家和人民的利益。

　　如果要从"大禹治水"中选择一个关键词，那便是"治"。面对这场持续了至少22年的洪水，人类顽强地坚持到了最后。"大禹治水"的故事特别突出地展现了人类的抗争精神和"靠自己"的精神。面对突然降临的极端天气和各种灾难，我们可以怕但不能逃，可以担忧但不能放弃，可以求神但不依赖神。时至今日，人类依旧无法完全避开自然灾害，但我们可以团结起来，捐款捐物，甚至亲自参与救援，去帮助每一个需要帮助的人，坚持到底，直至最后一秒。这种精神，至今仍流淌在中国人的血液中。

拓展阅读

九州划界

　　禹在治理洪水的过程中，和百姓一起走遍了当时的中华大地。他认真测定了每座高山的高度，详细记录了每条河流的特征，并据此画成了九张地图。

禹成为首领后，为了更好地管理国家、带领百姓重建家园，他决定根据画成的九张地图，把当时人们所知道的天下划分成了九个地区，分别叫作冀州、兖^{Yǎn}州、青州、徐^{Xú}州、扬州、荆^{Jīng}州、豫^{Yù}州、梁^{Liáng}州和雍^{Yōng}州。他还选出了九位能干的助手协助他管理九州。

禹将治水时用过的工具熔化，造出了九个大鼎，每个鼎都代表一个州。鼎的四周还有这个州的高山河流、动物植物的图，目的就是想让人们了解自己所住的州的详细情况。这样他们就会时时防范，不容易遇到危险。即使真的遇到了，他们也可以及时应对。

本级词

重建 | chóngjiàn
to rebuild

协助 | xiézhù
to assist

时时 | shíshí
often, constantly

防范 | fángfàn
to be on guard, to keep watch

应对 | yìngduì
to response

本级词

看作 | kànzuò
to regard as

地名 | dìmíng
place name

九鼎代表着九州，代表着全中国的土地，因此"九鼎"也被看作是帝王权力以及国家统一昌盛的象征。成语"一言九鼎"指一句话比九鼎还重，常用来形容一个人说的话极有力量，作用很大。

九州中的六个地名仍保留至今，即徐州、扬州、荆州、冀州、兖州和青州，而另外三个地名则消失在了历史的长河中。

练 习

一、根据文章填写正确的词语。

1. 鲧治理洪水时，采用的是_____的办法。但是一旦堤坝裂开，洪水就会再次把_____淹没。

2. 禹治理洪水时，采用的是_____的办法，也就是_____
_____。

3. 为了治理洪水，禹不愿浪费一点时间，无意间还发明了_____。

4. 为了治理洪水，禹花费了_____的时间。这期间，他
_____也没进去看看。

5. 禹_____的精神打动了所有人。大家一致推举他当首领。

6. 禹打算将首领的位子交给伯益，因为他_____，
发明了捕兽的工具，也是_____。

7. 禹的儿子启策划了一场夺权战争，废除了_____制度，转而
实行_____制度。

8. _____，是原始社会向国家形态过渡的一个中间环节。

9. 几千年来，<u>中国</u>人一直重视_____，强调的是保护_____的利益。

10. _____是<u>中华</u>国土的代名词。_____被看作是国家统一昌盛的象征。_____用来形容一个人说的话极有力量，作用很大。

二、思考与讨论。

1. 你如何评价<u>禹</u>的儿子废除禅让制、实行世袭制的做法？

2. 上网搜索"<u>诺亚</u>方舟"的故事，说说你对"<u>大禹</u>治水"和"<u>诺亚</u>方舟"这两个故事的理解。

第八章　后羿射日

本级词

中外 | zhōngwài
China and foreign countries

探索 | tànsuǒ
to explore, to probe

不同的国家，不同的文明，往往会有不同的神话系统。然而，不管是哪个神话系统，都绕不开太阳这个主题。中外各国神话中都有自己的太阳神，也有很多与太阳有关的故事。

中国传统神话中，先后出现过六位太阳神。他们是帝
喾（Kù）、羲和（Xī）、炎帝、日主、东君和太阳星君。其中，羲和是太阳女神，她和帝喾是夫妻。2021年10月，中国发射了国内首颗探索太阳的科学技术试验卫星，就取名为"羲和号"。然而，关于太阳神的神话在民间并不普及。流传至今的与太阳有关的神话中，最有名的要数"后羿射日"的故事。

后羿生活在尧当首领的时候。那时候，发生了可怕的旱灾，后来又暴发了常年不退的洪水。洪水是大禹治理好的，而解决旱灾的人就是后羿。那么，旱灾为何会发生，后羿又是如何解决旱灾的呢？

后羿射日

传说最早的时候，世界上一共有十个太阳。他们是帝喾和羲和的十个孩子。每个太阳的中心都是一只金色的、长着三只脚的乌鸦。这十个太阳住在东方的海上，那个地方叫汤谷。大概是因为十个太阳在那儿泡澡的缘故，那儿的海水一直沸腾着。汤谷没有陆地，只有一棵巨大的扶桑树，生长在沸腾的海水中。晚上，这十个太阳就在扶桑树的树枝上睡觉。

每天，十个太阳中的一个会登上扶桑树顶。它从这儿出发，依照母亲羲和指定的线路，向西边的蒙谷飞去，为人们带去光和热。所以，虽然太阳一共有十个，但每天和人们见面的只有一个。

时间长了，这十个太阳都觉得这样很无聊。于是有一天早晨，十个太阳一齐出动，在天空中跳着闹着，自由自在地飞来飞去。尝到了这种乐趣之后，这十个太阳再也不愿意分开了，他们决定每天都这么一同出来。

天上一下子有了十个太阳，天空成了太阳们的世界，没有一片云，也没有一只飞鸟。十个太阳一齐照耀大地，地面

上再也找不到一片影子；江河里一滴水也没有，土地热得直冒烟，甚至石头都被晒得变形了；人们热得无法呼吸，血液仿佛已经沸腾了，体内的每个细胞都要爆了；植物全都干死了，往年留下来的粮食也快要吃光了；很多动物也因为热得受不了，开始吃人了⋯⋯

看着人类过着如此悲惨的生活，太阳神帝喾感到很抱歉。但是他也不想伤害自己的十个孩子。想来想去，他决定派出一个善于射箭的神去吓吓自己的孩子，让他们自觉地回到汤谷。这个射箭高手就是后羿。

后羿带着妻子嫦娥一起来到人间，一路上看到尸骨遍地，到处都有被热昏的人。看到这样的景象，后羿决定不听帝喾的命令了。他决心要射下这些太阳，免得他们往后再出来做坏事。

后羿来到一座山峰顶上，找到了一个适合的平台。后羿将箭搭在弓上，对着天上的十个太阳做出准备射箭的样子。可十个太阳仗着自己是神的儿子，根本不把后羿放在眼里，还是任性地飞来飞去。于是后羿拿出了自己的真本事。他拉开了弓，慢慢地将弓箭举高，对准了其中一个太阳。"嗖"的一声，箭向着天空笔直地飞了出去。不一会儿，天空传来一声爆炸声，一个太阳炸开了，火花簌簌地从天上落下。天上少了一个太阳，空气中仿佛有了一丝冷气。大家的掌声和欢呼声让后羿信心大增。他完全不顾帝喾的命令，连续射出了八支箭，又将天上的八个太阳射了下来。天上只剩下最后一个太阳时，天气变得舒适起来。万物复苏，江河里的水重新流了出来。后羿对最后一个太阳喊道："从此以后，你不得休息，每天听到公鸡叫就要出来，为大地继续贡献光和热。"

解决了太阳的问题，后羿还替人们杀了六头吃人的野兽。其中最厉害的一头叫九婴，因为它有九个头，声音像婴儿。它生于盘古开天辟地的时候，会喷火，会吐水。它本住在一条大河里，但是十个太阳造成的大旱灾，让九婴没了住的地方。于是它就跳上岸来，见人就吃。看到后羿时，九婴根本不怕，因为它不仅有九条命，而且射下它的一个头后，它不一会儿就能再生，所以它可以永远不死。后羿知道以后，特地做了一把特大的弓，可以同时搭上九支箭。后羿拉开大弓，一下子射出九支箭，一次性把九婴的九个头全部射下来，终于杀死了九婴。

本级词

亲眼 | qīnyǎn
with one's own eyes

场景 | chǎngjǐng
scene, setting

超纲词

彗星 | huìxīng
comet

后羿射下了太阳，又杀死了野兽，天下百姓都感激在心。但后羿的心情却很沉重，毕竟他射杀了太阳神的九个儿子。果然，帝喾对后羿说："我不愿再看到你，你和你的妻子去人间住吧，永远不能回到天上。"从此，后羿和嫦娥失去了神力，在人间住了下来。

后羿射日的故事，反映了古代劳动人民想要战胜自然、改造自然的美好愿望。曾经有科学家试着从科学的角度来解释后羿射日这个神话故事。他们认为，这或许是一次彗星撞地球的事件。彗星掉落时，与空气摩擦成为像太阳一样发光发热的东西，看起来就像太阳从天上掉下来似的。当时的人们很可能亲眼看到了一次彗星撞地球的场景。他们以当时的知识水平来解释这件事，于是留下了后羿射日这个流传千年的神话故事。

2022年10月9日清晨，探日卫星"夸父一号"发射升空。夸父是谁？为什么中国人要用他来命名探日卫星呢？

夸父追日

传说夸父是黄帝时期一个巨人部落的首领。这个部落的人都善于长跑，而且他们一步就能跨过一条河，几步就能翻过一座山。虽然夸父是一个巨人，但他性格却像孩子似的，喜欢幻想。

当时的人们，已经认识到阳光对生活的重要性。但是，每天太阳落入蒙谷时，黑夜便要降临。夸父想，如果我能拉

本级词

长跑 | chángpǎo
long-distance running

跨 | kuà
to step across

幻想 | huànxiǎng
to fantasize

超纲词

巨人 | jùrén
giant

光辉 | guānghuī
light

作 | zuò
to take sth. as

奔跑 | bēnpǎo
to run quickly

远方 | yuǎnfāng
distant place

解 | jiě
to resolve

倾向 | qīngxiàng
tend to

就算 | jiùsuàn
even if

敢于 | gǎnyú
to have the courage to

住太阳，就能让太阳的光辉永远留在人间了。于是，他随手拿了一根桃木作手杖，就向着太阳落下的方向出发了。

他像一阵风似的奔跑了起来，一下子就跑出了几百公里。对夸父来说，太阳象征着绝对权力，控制太阳就能控制一切。他拼命地追啊追，眼看远方的太阳越来越近，他的信心也越来越强。可是越接近太阳，他就越渴，只靠喝几口河水已经止不了渴了。尽管口渴得很厉害，夸父却一直鼓励着自己："快了，快要追上太阳了。等我追上了太阳，人们的生活就会幸福了。"

夸父一直追到太阳快要落下的时候，他的嗓子像冒了烟似的。他跑到黄河边，一口气把黄河的水喝干了。可他还是口渴难忍，又转身跑到渭河，把渭河的水也喝干了。但还是一点儿也不解渴。这时，夸父想到了北边有一个大湖，也许喝那儿的水可以解渴。可是，夸父还没有跑到大湖边就渴死了，像一座大山一样倒了下来。死前，他把桃木手杖一扔，桃木变成了一大片桃树林，桃树上的桃子个个香甜多汁。夸父用尽他最后的力气，为天下其他追求光明的人们，创造了一片可以休息、解渴的地方。

对于"夸父追日"这个故事，不同的人有不同的理解。有人认为夸父想要控制太阳，改变自然规律，是自不量力的表现。但也有人倾向于支持夸父的行为，因为他是为了部落的人们才去追太阳的；就算最后失败，也不能否认他顽强坚持、敢于抗争的精神。

现代的学者试着从更加科学的角度来解释夸父追日的原因。他们认为，夸父追日实际上是某个部落的一次长途迁徙，是一次很勇敢的实践。在原始社会时期，任何一个部落在一个地方长期居住了一段时间以后，自然资源的供给和需求就会逐渐失去平衡，能获得的食物越来越少。在此情况下，部落无法继续在此地生活下去，必须迁移到新的、更好的地方。夸父部落可能从东边的沿海部落那儿知道，再往东就是大海了，过不去。所以他们决定向西，向太阳落下的地方迁移。但是，由于他们对西北内地的状况认识不足，在向西的途中没有找到水，最终悲壮地失败。

本级词

实践 | shíjiàn
practice

供给 | gōngjǐ
supply

平衡 | pínghéng
balance

沿海 | yánhǎi
coastal areas

内地 | nèidì
inland

足 | zú
enough, sufficient

超纲词

迁徙 | qiānxǐ
to move, to migrate

悲壮 | bēizhuàng
solemn and stirring, moving and tragic

练 习

一、根据文章判断正误。

（　　）1. 中国传统神话中，出现过六位太阳神，其中有一位是太阳女神。

（　　）2. 最早的时候，世界上一共有十个太阳。他们住在东方的一个小岛上，岛上有一棵扶桑树。

（　　）3. 十个太阳觉得工作很无聊，于是他们都不愿意出来工作。

（　　）4. 帝喾不想伤害自己的十个孩子，所以他什么都没做。

（　　）5. 后羿违背了帝喾的命令，射下了九个太阳，救了人类。

（　　）6. 后羿射日的故事，反映了古代劳动人民想要战胜自然的美好愿望。

二、根据文章填写正确的词语。

1. 十个太阳一齐照耀大地。地面上_____，

   江河里_____，石头_____

   _____，人们的血液_____

   _____，体内细胞_____。

2. 不一会儿，天空传来一声_____，一个太阳_____，

   火花簌簌地从天上落下。空气中_____。

3. 有科学家认为，"后羿射日"的故事或许是一次_____

   _____事件。

4. 有科学家认为，"夸父追日"的故事实际上是_____

   _____的故事。

三、思考与讨论。

1. 你们国家的神话中，有哪些和太阳有关的故事?

2. 如果你是后羿，你会不顾太阳神的命令，射下九个太阳吗?

3. 对于"夸父追日"这个故事，你更认同哪一种理解?

第九章

嫦娥奔月

在中国传统文化中，太阳是"阳"，象征着光明和温暖；而月亮是"阴"，常常让人联想到低温、寒冷。但在文学作品中，月亮却常常代表着中国人内心深处那些最动人的情感，如盼望和亲人团聚、期望爱情圆满等等。

古时候，中国人在观察月亮时，看到月亮上有一些阴影。古人把这些阴影想象成一座宫殿，叫广寒宫。广寒宫外有一棵很高很高的桂花树。宫里只有嫦娥在那儿居住，陪着她的还有她的宠物——一只兔子。嫦娥是后羿的妻子，她怎么会离开后羿，独自到月亮上去了呢？

本级词

低温 | dīwēn
low temperature

盼望 | pànwàng
to hope for, to look forward to

阴影 | yīnyǐng
shadow

宠物 | chǒngwù
pet

超纲词

团聚 | tuánjù
to reunite

桂花 | guìhuā
osmanthus

嫦娥奔月

嫦娥和丈夫后羿原是天上的神。后羿为人们射下九个太阳，违反了太阳神的命令，因此失去了神力。他们夫妻只好在人间住了下来。

虽然后羿不再是神了，但他依然受到人们的尊敬。大批年轻人来找后羿，希望能跟他学习射箭，而后羿也收他们做了徒弟。这些徒弟中绝大多数都非常好学，但也有一个坏人隐藏在里面。这个人叫蓬蒙（Péng Méng），他并不是真心想学射箭，而是想着后羿本来是神，家里肯定收藏了很多宝贝，他想找个机会偷点好东西回去。蓬蒙常常请后羿给他补课，为他纠正射箭的动作，但其实他只是想在后羿家多待一会儿，找机会偷走宝贝。

一天，后羿到昆仑山拜访朋友，恰好遇到路过此处的西王母。西王母掌管着不死药，是管理婚姻、生育、保护妇

女的女神。她听说过后羿为百姓射日的功绩，也十分同情他的遭遇。她认为后羿夫妻不应该被惩罚。不过此次出行，她身上仅带了一颗不死药。她将这颗不死药给了后羿，并告诉他，只要吃了不死药，就能永远不死，再次回到天上。

回到家后，后羿把这一切告诉了嫦娥。他们俩谁都不想扔下对方独自回到天上。后羿只好让嫦娥把这颗不死药收好，以后再说。但这一切，都被躲在窗外的蓬蒙看到了。

有一天，后羿带着所有徒弟外出打猎。蓬蒙看到机会来了，就装病对后羿说："师父，我头疼，手脚都没有力气，今天恐怕去不了了。"大家走后没多久，蓬蒙就蒙着脸，手拿一把剑闯入了嫦娥的房间，逼她交出不死药。嫦娥一听声音就知道是蓬蒙，她知道自己不是蓬蒙的对手，但绝不能把不死药交给这样的坏人。如果他上了天，那么人们肯定会过上不幸的生活的。面对危机，嫦娥一点儿也不慌。她转身拿出不死药，趁蓬蒙不注意时，把药往嘴里一扔。蓬蒙连忙扑

本级词

遭遇 | zāoyù
experience

此次 | cǐ cì
this time

再说 | zàishuō
to discuss later, to put off sth.

师父 | shīfu
master

头疼 | tóuténg
headache

蒙 | méng
to cover, overspread

剑 | jiàn
sword

绝 | jué
absolutely

危机 | wēijī
crisis

扑 | pū
to rush at

超纲词

趁 | chèn
taking advantage of

本级词

窗口 | chuāngkǒu
window

傍晚 | bàngwǎn
at dusk, toward evening

好似 | hǎosì
to be like, to seem

宇航员 | yǔhángyuán
astronaut

本 | běn
this

了过去，但是不死药还是被嫦娥一口吞了下去。嫦娥吞下药后，就立刻飘了起来，飞出了窗口，升上天去了。由于嫦娥还担心着丈夫，便飞到了离人间最近的月亮上住了下来。

傍晚，后羿回到家，听仆人说了事情的经过，又惊又气，提起剑就要杀了蓬蒙。但是蓬蒙早就逃得无影无踪了。悲伤的后羿抬头望着天空，大声叫着嫦娥的名字。今晚的月亮格外明亮，仔细一看，还有一个好似嫦娥的阴影。后羿急忙派人抬出桌子，摆上嫦娥喜欢吃的东西，祭拜在月亮上的嫦娥。

后来，人们为了感谢善良勇敢的嫦娥，就在一年中月亮最圆最亮的那一天，在院子里摆上她最喜欢吃的东西，请求她保佑大家平安。从此，中秋节祭拜月亮的风俗就在民间流传开了。

自古以来，月亮在中国人心中就是美的代表。中国人对月亮有着一种特殊的情感。在长期的生活实践中，中国人注意到了月亮有规律的变化。月亮圆了缺，缺了又圆。在古人看来，月亮是"不死"的，是永恒的象征。而嫦娥吃下不死药以后，飞向了"不死"的月亮，也反映了当时中国人对永恒生命的追求。

另一方面，嫦娥奔月的神话也反映了中国古人的飞行梦想。有人开玩笑说，嫦娥就是中国的第一位"宇航员"。

2003年，中国启动了本国第一个探索月球的工程——

"嫦娥工程"。这个名字包含了<u>中国</u>人千百年来梦想登上月球的美好心愿。2020年11月，嫦娥五号飞船由长征五号火箭成功送入轨道，并最终抵达月球。在月球上收集了约两千克的月球土壤后，嫦娥五号成功返回地球，结束了它在太空中20多天的行程。至此，<u>中国</u>人在探索月球的科研道路上又前进了一大步。

拓展阅读

月下老人

<u>唐朝</u>[1]时，有一个叫<u>韦固</u>的年轻人。他20岁时到<u>宋城</u>游玩，住在<u>宋城</u>的一家旅店里。

有天晚上，<u>韦固</u>看完烟花准备回旅店时，看到有一个老人坐在地上。在昏暗的月光下，这个老人在翻一本又大又厚的书，身边还放着一个塞满了东西的大布袋。

[1] 唐朝，从公元 618 年开始至 907 年结束。

本级词

心愿 | xīnyuàn
wish, dream

飞船 | fēichuán
spaceship

火箭 | huǒjiàn
rocket

轨道 | guǐdào
orbit

抵达 | dǐdá
to arrive

行程 | xíngchéng
journey, route, itinerary

科研 | kēyán
scientific research

旅店 | lǚdiàn
hostel

烟花 | yānhuā
fireworks

塞 | sāi
to squeeze in

超纲词

土壤 | tǔrǎng
soil

韦固好奇地问："您在看什么书？这么暗，您看得清楚吗？"老人回答说："我看的是一本记载天下男女婚姻的书。""那这袋子里装的是什么东西？"韦固又问。老人说："这个布袋里装着很多红线，它是用来系一男一女的脚的。不管男女双方是敌人还是朋友、是贫穷还是富有，距离是远还是近，只要我把红线两端系在他们的脚上，他们就一定会结婚的。"

"是真的吗？"韦固不太相信地说，"如果您真有如此奇妙的本领，那就给我露两手。您说说，谁会成为我的妻子？"老人笑道："你的妻子现在才3岁，要等到14年后才会嫁给你呢。"说完，老人就站了起来向市场走去，韦固也好奇地跟了上去。

大街上的人来来往往。老人指着一个卖菜的妇女，对韦固说："你看到那位卖菜的妇女了吗？她旁边的小女孩便是你未来的妻子。"韦固看那母女穿得都很土，小女孩脚上的鞋已经破了，脸上手上都脏脏的。韦固心想，这样的人我怎么可能跟她结婚呢？

回到旅店后，他越想越生气，打算杀了这个小女孩，断了两个人之间的"红线"。第二天，他带了一把刀来到市场，找到了那个小女孩。他举起刀冲那个小女孩刺去。但最后时刻，他害怕了，刀尖一拐，好像在小女孩的脸上划了一道伤口。他也没看清，丢下刀就逃跑了。事后，他离开了宋城，再也没回去过。

14年后，韦固当了一个小官，还结了婚。他的妻子美丽善良，是一个大官的侄女，家里也很富有，根本不是当年那个人。

一天，韦固偶然发现妻子的眉毛下有一道浅浅的疤。他问妻子："这道疤是怎么弄的？"妻子也说不上来。韦固又问岳父，岳父说："你知道的，她是我的侄女。她的父母在她3岁时就去世了，是一个邻居收养了她。我几个月后知道了消息，才把她接到我家里来的。至于这道疤，"岳父继续说，"是她在市场时，不知从哪儿跑出来一个疯子，拿了一把刀冲她刺去，幸亏伤得不重，只留下了这道疤。"

韦固听了，吓得半天说不出话来。他紧张地问道："是不是在宋城？那个邻居是不是卖菜的？"岳父注意到了韦固情绪的波动，反问道："瞧把你吓得，你怎么了？你是怎么知道的？"

韦固一时不知道要如何回答，过了好久才平静下来。他把14年前在宋城遇到一个老人，还有自己想杀了小女孩的事，都清清楚楚地告诉了岳父和妻子，并请求他们的原谅。两人听了半天说不出话来。原来，他们的婚姻真的是由月下老人决定的。从此，夫妇俩都更加珍惜对方，一直过着幸福的生活。

韦固的故事传开后，人们便把管理婚姻的神叫作"月下老人"或者"月老"。介绍男女认识、恋爱也可以叫作"牵红线"。

月老的故事告诉人们，无论男女双方是敌人还是朋友、是贫穷还是富有，也无论两人的距离是远还是近，只要有缘分，就都能拥有幸福的婚姻。与从前那种讲究门当户对的婚姻观念相比，月老的婚姻观念显然有了很大的进步。

本级词

收养 | shōuyǎng
to adopt

波动 | bōdòng
to fluctuate

反问 | fǎnwèn
to ask a question in reply

一时 | yìshí
temporarily

超纲词

眉毛 | méimao
eyebrow

疤 | bā
scar

岳父 | yuèfù
father-in-law (wife's father)

疯子 | fēngzi
crazy man

门当户对 | méndāng-hùduì
family of similar backgrounds

一、根据文章选择正确答案。

1. 月亮在<u>中国</u>的文学作品中常常有什么象征意义？ _____

    A. 光明温暖   B. 低温寒冷   C. 盼望团聚   D. 辽阔遥远

2. 关于<u>蓬蒙</u>，下列哪项正确？ _____

    A. 他是<u>后羿</u>的徒弟，非常好学。

    B. 他常常请<u>后羿</u>给他补课，希望尽快提高射箭水平。

    C. 他逼<u>嫦娥</u>交出不死药，但是没有成功。

    D. 他最后是被<u>后羿</u>杀死的。

3. <u>西王母</u>为什么给了<u>后羿</u>一颗不死药？ _____

    A. 因为她十分同情<u>后羿</u>的遭遇。

    B. 因为她保护妇女，和<u>嫦娥</u>是好朋友。

    C. 因为她出行时身上带着不死药。

    D. 因为她希望<u>后羿</u>和<u>嫦娥</u>能永远在一起。

4. 关于<u>嫦娥</u>，下列哪项不正确？ _____

    A. <u>嫦娥</u>原来和<u>后羿</u>一样，也是神。

    B. <u>嫦娥</u>非常爱她的丈夫。

    C. <u>嫦娥</u>面对危机时非常镇定。

    D. <u>嫦娥</u>喜欢月亮，所以飞到月亮上住了下来。

5. 在月球上收集了月球土壤并成功返回地球的飞船，其名称是＿＿＿＿＿＿＿＿?

    A. 嫦娥工程   B. 嫦娥五号

    C. 长征五号   D. 探索月球

二、根据文章排列句子。

    A. 他用红绳确定男女姻缘。

    B. 对于从前那种结婚一定要讲求门当户对的观念来说。

    C. 月老的婚姻观念显然有了很大的进步。

    D. 体现了唐代人们对爱情与婚姻"前世注定今生缘"的认知态度。

    E. 月下老人是中国民间传说中专管婚姻的神。

三、思考与讨论。

    1. 在你们国家的文学作品中，月亮常常和什么有关?

    2. 你们国家有没有和月亮有关的传统节日?

    3. 你对"月下老人"这个故事中的婚姻观念有什么看法?

第十章　哪吒闹海

佛教 | Fójiào
Buddhism

外来 | wàilái
foreign, external

图书 | túshū
books

古典 | gǔdiǎn
classical

踏 | tà
to set foot on

少儿 | shào'ér
children

超纲词

脖子 | bózi
neck

手臂 | shǒubì
arm

Nézhā
　　哪吒这个神话人物原本来源于印度佛教，是一个外来神。唐朝时，大量佛教图书传入中国。中国民间也逐渐对哪吒的形象进行了一些本土化改造。此后，哪吒又融入了中国本土宗教——道教，成为道教人物。关于哪吒的神话故事，最初记载在元朝[1]的一本宗教神话书籍《三教搜神大全》中。到了明朝[2]，《封神演义》[3]《西游记》[4]等多部古典文学作品中都有哪吒出现。在神话中，哪吒常常是儿童或者少年的模样。他脖子上戴着乾坤圈，手臂上绕着混天绫，双脚踏着风火轮，手中拿着火尖枪，还会变出三头六臂，是中国神话故事中少见的少儿神。

[1]　元朝，从公元 1271 年开始，到公元 1368 年结束。
[2]　明朝，从公元 1368 年开始，到公元 1644 年结束。
[3]　《封神演义》，也称《封神榜》，写的是武王伐纣的故事，作者许仲琳。
[4]　《西游记》，中国四大名著之一，是一部长篇神魔小说，作者吴承恩。

哪吒闹海

哪吒生于商朝[1]末。他的父亲李靖是陈塘关的军官。当时，哪吒的母亲李夫人怀孕三年半还没生下孩子，民间传言李夫人的肚子里有一个妖怪。

这天，李夫人的肚子突然疼了起来，竟然生下了一个大肉球。李靖一看，拔出刀就要砍了这个妖怪。一刀下去，肉球裂开了，里面跳出一个白白胖胖的小男孩。大家十分惊喜，为这个孩子取名"哪吒"。此时，神仙太乙真人出现在李家，对李靖说："这孩子有潜力，我愿收他做徒弟。"李靖一听，好事啊，就立刻答应了。"这是我的两件宝贝，乾坤圈和混天绫，"太乙真人说，"就送给哪吒当见面礼吧。"

哪吒从小出了名地顽皮。他仗着师父是太乙真人，天不怕地不怕。7岁时，哪吒在东海洗澡，用混天绫搅动海水，在一层一层的海浪中玩得开心极了。混天绫的力量一直传到了海底，把东海龙王的宫殿搞得像地震一样。龙王晕得受不了了，就派出一个小兵去看看到底是怎么回事。小兵一看，对方竟是一个7岁的娃娃，不禁大喊："好你个臭小子，敢在东海胡闹！"说完，就举起刀冲哪吒砍去。哪吒一时不知如何是好，随手扔出了乾坤圈，刚好砸在这个小兵脑袋上，一下就把他打死了。

东海龙王的三儿子敖丙知道此事后，立即冲了出去。敖丙质问哪吒为何杀了那个小兵。哪吒一点儿也不在乎，说：

---

[1] 商朝，约从公元前 1600 年开始，到公元前 1046 年结束。

本级词

传言 | chuányán
rumour

惊喜 | jīngxǐ
pleasantly surprised

潜力 | qiánlì
potential

出名 | chū míng
well-known

海浪 | hǎilàng
seawave

海底 | hǎidǐ
bottom of the sea

晕 | yūn
to faint, to feel dizzy

刚好 | gānghǎo
happen to

此事 | cǐshì
the matter

超纲词

怀孕 | huái yùn
to be pregnant

妖怪 | yāoguài
monster

神仙 | shénxiān
immortal

搅动 | jiǎo dòng
to stir

胡闹 | húnào
to make trouble

质问 | zhìwèn
to interrogate, to question

"他想杀我，我打死他，有错吗？一个小兵，死了就死了，有什么大不了的？"敖丙哪里受得了这样的回答，他一剑刺向哪吒。两人之间又是一番激烈的打斗。哪吒虽只有7岁，可他有乾坤圈和混天绫在手，敖丙也不是他的对手。三局过后，敖丙最终死在了哪吒手上。

东海龙王听到儿子被杀的消息，又悲伤又愤怒。他四处打听，找到了哪吒的家，要李靖和哪吒给他一个说法。可哪吒说自己虽是凶手，但也不是故意的。龙王听了，气得要去找玉皇大帝[1]告状。哪吒背(bèi)着父亲，偷偷追上龙王，把龙王打得血流满面，跌坐在地。哪吒威胁龙王不许告状，龙王也只得假装答应。

东海龙王没有遭受过这样的侮辱，西海、南海和北海的三位龙王知道后，也都非常愤怒。他们联合起来向玉皇大帝告状，必须追究到底，杀了哪吒。

四位龙王带着士兵把李家紧紧围住。犯下如此大错，哪吒并没有道歉，而是指责东海龙王不讲信用。哪吒喊道："我一人做事一人当，这件事和父母、哥哥无关。你要我的命，我就给你！"说完，他一刀刺入自己的心脏，倒地死了。四位龙王见此情形，也不好再说什么，各自带着士兵回去了。

哪吒死后，几次想要复活都被李靖阻止了。李靖认为他损害了李家的名誉，复活之后必将再次做出危害家庭的事。哪吒只得请求师父太乙真人。太乙真人用莲花、

[1] 玉皇大帝，是天上的皇帝，是万神的最高统治者。

莲叶和莲藕给哪吒做了个新身体，还给了他两件新装备——火尖枪和风火轮。

哪吒复活后的第一件事，便是去杀自己的父亲。李靖见状骑马逃跑，哪吒却依旧紧追不放。途中，他们遇到了一位叫燃灯道人的神仙。这种儿子杀父亲的场景，燃灯道人实在看不下去。他掏出一座小塔。只见这座塔越来越大，一下子就把哪吒困在了塔里。瞬时，塔里燃起了大火，把哪吒烧得大喊救命。最终，哪吒忍受不了疼痛，只得答应放弃杀父。

燃灯道人把哪吒放了出来，又将这座塔送给李靖。燃灯道人还告诉他们父子："纣王[1]上台后，百姓生活得很惨。若将来有人要夺取政权，你们一定要全力协助他。"两人连忙点头，答应了下来。

在燃灯道人的帮助下，李靖和哪吒互相原谅了对方。哪吒也知道自己虽有几件宝贝，但比他厉害的人还有很多。从

[1] 纣王，即商纣王，商朝最后一位统治者，性格残暴。

本级词

装备 | zhuāngbèi
equipment

掏 | tāo
to take out

塔 | tǎ
tower

救命 | jiù mìng
to save someone's life

疼痛 | téngtòng
pain

父子 | fùzǐ
father and son

上台 | shàng tái
to come to power

惨 | cǎn
miserable, tragic

夺取 | duóqǔ
to capture, to take control of

政权 | zhèngquán
political power, regime

全力 | quánlì
with full strength

超纲词

莲叶 | liányè
lotus leaf

莲藕 | lián'ǒu
lotus root

瞬时 | shùnshí
instantaneous

此，哪吒成熟了许多。后来，李家父子带领先锋部队，一同协助姬发[1]建立了周朝[2]。

《封神演义》中"哪吒闹海"的故事发生在真实的历史背景下。故事中提到的历史元素，如商朝和周朝，商纣王、周武王以及武王夺取纣王政权等事件，在历史书上都有明确的记载。

如今，以哪吒为主角的动画片、电影、电视剧等影视作品不计其数。由于这些影视作品多半面向儿童，为了使其更具教育意义，哪吒这个形象大多被改成了没有性格缺陷的小英雄形象，如中国第一部国产彩色动画电影《哪吒闹海》、52集动画片《哪吒传奇》等。剧中，哪吒被打造成一个为救百姓而牺牲自己的英雄，而东海龙王则是欺负百姓的形象。复活后的哪吒，也没有追杀父亲，而是闯进东海，打败了东海龙王。这些动画上映后反响热烈，深深影响了一代中国人对哪吒的看法。

2019年推出的一部动画电影《哪吒之魔童降世》，却一反常规地展现了哪吒顽皮胡闹的一面。电影中反复提到的"我命由我不由天"得到了当代年轻人的广泛认同：自己的命运应掌握在自己手中。想要成为什么样的人，最终是由自己来决定的。而这一主题，也更符合当代年轻人不希望被操纵，希望成为自己命运的主人这一观念。

[1] 姬发，即后来的周武王。他打败商纣王，建立周朝。
[2] 周朝，从公元前 1046 年开始，到公元前 256 年结束。

姜子牙钓鱼

姜子牙是元始天尊的徒弟。72岁之前，他一直跟着师父学习。80岁时，姜子牙才遇到了善于识人的西伯侯姬昌[1]。

遇到姬昌之前，姜子牙每天都在江边钓鱼。一般人钓鱼，鱼钩要沉入水中。但姜子牙钓鱼，鱼钩却高高地悬在水面上。周围的人都觉得他是个傻子，可他却满不在乎，就这么在江边钓了一年又一年的鱼。

终于，姜子牙奇怪的钓鱼方法传到了姬昌的耳朵里。他派出了一名士兵想请姜子牙来见见。姜子牙没有理这个士兵，只顾自己钓鱼，并自言自语地说："鱼不上钩，虾来胡闹。"姬昌听了士兵的报告，又派出一名大官去请。可姜子牙还是没有理他，说："大鱼不上钩，小鱼别胡闹。"姬昌这才意识到，这一定是个厉害的人，需要亲自去请。

姬昌来到江边，恭恭敬敬地向姜子牙请教起天下大事。他发现姜子牙对国家与政权的理解非常深刻。姬昌下定决心，非请姜子牙来帮助他。

为了表示尊敬，姬昌请姜子牙乘坐自己的马车回去。可他偏不坐，竟要姬昌背他回去。旁边的大官们听了马上拔剑，说："大胆！让你坐马车是看得起你，你竟然还敢提这么过分的要求！"姬昌让大家收回剑，说："那我亲自为您赶车？"姜子牙还是摇摇头。这可让姬昌为难了，以他的身

[1] 西伯侯姬昌，即后来的周文王，周武王的父亲。他招纳人才，壮大实力，为武王攻打商纣王打下了基础。

本级词

识 | shí
to understand

悬 | xuán
to hang

理 | lǐ
to show concern

只顾 | zhǐgù
single-mindedly

自言自语 | zìyán-zìyǔ
to talk to oneself

马车 | mǎchē
horse-drawn cart

偏 | piān
deliberately

看得起 | kàndeqǐ
to think highly of

超纲词

钓 | diào
to fish

钩 | gōu
hook

虾 | xiā
shrimp

恭恭敬敬 | gōnggōngjìngjìng
respectful

丧失 | sàngshī
to lose

蹲 | dūn
to squat down

巩固 | gǒnggù
to consolidate, to strengthen

无效 | wúxiào
to be invalid

消灭 | xiāomiè
to eliminate, to perish

约定 | yuēdìng
promise, agreement

求职 | qiúzhí
to apply for a job

份背一个普通百姓，这多没面子啊。但是，他又不想丧失这么好的人才。于是，他蹲下来背起姜子牙，一步一步地往城里走去。

走了没多久，姬昌就累得不行了，汗不停地往下滴。而姜子牙却总在说："再多走几步。"姬昌实在走不动了，只得把姜子牙放下，坐在路边休息。姜子牙笑着说："你背着我一共走了790步，我保证你的政权巩固790年。"姬昌听了，不顾辛苦，立刻站起来，打算再背起姜子牙。姜子牙哈哈大笑，说："再背也是无效的，我们坐马车回去吧。"

后来，姬昌的儿子姬发在姜子牙的帮助下消灭了商朝，建立了周朝。而姜子牙也遵守约定，保佑周朝延续了790年。

姜子牙"求职"的故事，后来也引出了一个歇后语：姜太公钓鱼——愿者上钩。

练习

一、根据文章填写正确的词语。

1. 哪吒来源于_____，传入中国后，又融入了中国本土宗教_____中，是中国神话故事中少见的_____。

2. 哪吒是太乙真人的_____，从小就非常_____，天不怕地不怕。

3. 听到东海龙王要找玉皇大帝告状，哪吒偷偷追上龙王，把龙王打得_____，还_____他不许告状。

4. 在面向儿童的影视作品中，哪吒大多是一个没有_____的小英雄形象，为救百姓而_____。

5. 《哪吒之魔童降世》中，哪吒展现出_____的一面。

6. 姜太公钓鱼——_____。

二、根据文章选择正确答案。

1. "一人做事一人当"的意思是_____

A. 自己犯的错误，自己一个人承担。

B. 自己独立完成任务，自己承担错误。

C. 一个人完成任务，另一个人承担责任。

D. 两个人一起完成任务，一起承担责任。

2. 哪吒复活后，为什么要追杀自己的父亲？_____

A. 因为哪吒认为自己的死是父亲的错。　　B. 因为父亲损害了家族的名誉。

C. 因为父亲几度阻止自己复活。　　D. 因为父亲做出了危害家庭的事。

3. "我命由我不由天"的意思是＿＿＿＿＿＿＿

　　A. 我的生命是自己的，要爱护生命。

　　B. 我的命运由自己控制，不能被别人操纵。

　　C. 大家都要听从我的命令。

　　D. 运气好不好是自己决定的。

4. 姜子牙为什么一定要西伯侯背他回去？＿＿＿＿＿＿＿

　　A. 因为他不喜欢坐西伯侯的马车。　　B. 因为他想欺负一下西伯侯。

　　C. 因为他想让西伯侯为他赶车。　　D. 因为他想考验一下西伯侯。

三、思考与讨论。

1. 哪吒自杀后又想复活，你认为这是否矛盾？请说说你的看法。

2. 文章中提到的"哪吒闹海"的两种版本，你更喜欢哪一种？为什么？

3. 你认为姜子牙的"求职"方式怎么样？请说说你的看法。

第十一章

沉香救母

孝道文化是中国文化中非常重要的一部分，是中国社会的基本道德规范之一，在维护家庭和谐、建设和谐社会的过程中发挥了特殊的作用。孝道是子女对父母应尽的义务，包括尊敬老人、关爱老人、为父母养老、处理父母去世后的事等等。在中国延续了上千年的清明节扫墓习俗，也是中华孝道文化的一种体现。可以说，"父母恩情重于天"是融入中国人血液里的情感。因此，中国历史上或者文学作品中，孩子"救父""救母"的故事并不少见。

"沉香救母"的故事在民间流传已久。清朝[1]以前，

[1] 清朝，中国最后一个朝代。从公元1636年开始，到公元1912年结束。

本级词

关爱 | guān'ài
to take good care of

养老 | yǎng lǎo
to provide and care for the aged

母 | mǔ
mother

超纲词

孝道 | xiàodào
filial piety

恩情 | ēnqíng
kindness and affection

本级词

流感 | liúgǎn
influenza

情绪 | qíngxù
emotion, sentiment

遗憾 | yíhàn
pity, regret

陪同 | péitóng
to accompany

赶不上 | gǎnbushàng
to be unable to make it in time

超纲词

庙 | miào
temple

塑像 | sùxiàng
statue

这个故事的情节还比较分散，版本也比较多。到了清朝，沉香救母的故事才比较完整。1949年后，这个故事才真正流行起来。可以说，沉香救母是一个非常年轻的民间神话故事。

沉香救母

从前，华山有位女神叫三圣母。她美丽善良，为当地百姓解决了一场大流感。百姓为了感谢她，便在华山盖了一座圣母庙。一天，一个读书人来华山游玩，路过圣母庙。他一走进庙门，就被三圣母美丽的塑像深深地吸引了。他心想："要是能娶她做妻子该多好啊！可惜这只是一个没有情绪的塑像罢了。"他带着深深的遗憾，在墙上写了一首诗，表达了自己对三圣母的爱，还留下了自己的名字——刘彦昌。

面对这个又帅又有才的读书人，三圣母也不禁心动了。可神是不能和普通人结婚的。看着慢慢走远的刘彦昌，三圣母左思右想，终于决定不顾条例，勇敢追求自己的爱情。于是，三圣母变成了一个普通的女子，来到了刘彦昌的身边。很快，两个人便结为夫妻。

一年过去了，刘彦昌要进京考试了。这时，三圣母已经怀孕了，无法陪同他一起去京城。分别时，刘彦昌对妻子说："我可能赶不上你生孩子的时候了，我现在就为孩子取一个名字吧，叫沉香。"

几天后，就是王母娘娘[1]的生日，所有神仙都要参加她

[1] 王母娘娘，是主管所有女仙的女神。

的生日宴会。但是三圣母怀着孕，绝不能让王母娘娘知道。她随便找了个理由，说自己去不了。但三圣母的哥哥二郎神，不知通过什么途径，还是查出了真相。二郎神大怒。他立刻来到人间，要抓妹妹上天接受惩罚。三圣母一点儿也不害怕，因为她手上有一件宝贝——宝莲灯。只要宝莲灯亮，无论是神仙还是妖怪，都无法靠近她。二郎神自知打不过三圣母，只得派出手下的一条狗，趁她晚上休息时，将宝莲灯偷走。最终，怀着孕的三圣母被哥哥抓住，压在华山的黑云洞中。

几个月后，三圣母在黑云洞中生下了儿子沉香并用血写下了一封信。她偷偷请求看守的人，将沉香和这封信送到他父亲身边。看守的人看她可怜，就将沉香偷偷送出了黑云洞。

很快，13年过去了。有一天，沉香偶然翻出了母亲留下的血书，才知道母亲一直被压在华山底下。他想救出母亲，可自己什么也不会，哪里有能力和神仙对抗？

但是，他仍然想试一试。于是沉香独自离开家，吃尽了千辛万苦，终于走到了华山。到是到了，可是母亲在哪儿呢？他不知道该怎么办，大哭了起来。痛苦的哭喊声打动了路过的神仙吕洞宾。吕洞宾见他如此孝顺，就收下了这个徒弟。沉香在师父的指导下，能力提升得很快。16岁生日那天，沉香告别师父，要去华山救母。分别前，师父又送给他一件宝贝——一把可以劈开山峰的斧子。

沉香来到华山黑云洞前大声喊着母亲。三圣母知道儿子来救自己，十分激动。但她想到沉香还小，哪能和他舅舅二

本级词

宴会 | yànhuì
banquet

途径 | tújìng
way, approach

查出 | cháchū
to search out

对抗 | duìkàng
to resist, to oppose

提升 | tíshēng
to improve, to promote

超纲词

惩罚 | chéngfá
punishment

劈 | pī
to split, to chop

斧子 | fǔzi
axe

舅舅 | jiùjiu
mother's brother

郎神对抗？想来想去，三圣母还是让沉香去向舅舅求情。谁知，二郎神不但不肯放出三圣母，反而还要杀了沉香。沉香只好拿起斧子，拼命抵抗。他们从天上杀到了地上，又从地上杀到了天上，在天地之间上演了一场激烈的大战。他们打了三天三夜，一时胜负难料。这场大战惊动了仙界。诸位神仙都十分同情沉香的遭遇，觉得二郎神作为舅舅，还是个神仙，对待一个孩子居然这么狠。于是几位神仙偷偷帮了沉香一下。最终，二郎神被打败了。

沉香回到华山，来到黑云洞前，举起斧子，用力猛劈。只听一声巨响，华山裂开了，沉香终于救出了母亲。整整16年，受尽苦难的母子才首次相见。两人紧紧地抱在一起，百感交集。玉皇大帝和王母娘娘被沉香的孝心打动，于是撤销了对三圣母的处罚，还把宝莲灯还给了三圣母。沉香一家终于幸福地生活在了一起。

如今，在华山西峰顶上还依然看得见沉香救母时劈开的那块石头。这个景点作为华山的名胜之一，每年都吸引了大量游客前来观光。

西周[1]特别重视"孝道"。那时出台过一个政策，规定70岁以上的老人有吃肉的资格，在当时，这可是神才有的待遇。战国[2]时期，齐国规定，70岁以上的老人，他的一个儿子可以不用交税，也不用当兵。如果家里有90岁以上的老人，那么全家都可以不用交税。到了汉朝，尊老进一步制度化。50岁以上的老人就可以领取一定的补助。政府官员会见70岁以上的老人时，老人可以不跪。但宋朝[3]时，"孝道"变得非常极端，成为维护统治者的工具。社会要求孩子对祖父祖母和父母的话都要绝对服从。即使父母不爱孩子、常常打骂孩子，或者只是名义上的父母，孩子照样要给他们养老。

虽然孝道文化曾经非常极端，在一定程度上成为社会发展的障碍，但总体上来说，孝道文化对中国文化整体的发展仍是利大于弊。孔子强调"孝"不应该只说"养"，更重要的是"敬"。也就是说，儿女不仅仅要尽力满足父母经济层面的基本需求，在精神层面上也应该尊敬关爱父母，尊重父母的意见和指导，有事要告诉父母；外出回家，要向父母打招呼；在外地读书或工作，要经常回家看看，免得父母担忧，等等。当然，孔子也强调，尊重父母不等于绝对服从。若看到父母有不义的行为，儿女应该尽力劝说父母，但应该

[1] 西周。周朝因首都位置不同而分为西周和东周。西周为公元前1046年至公元前771年。东周为公元前770年到公元前256年。
[2] 东周分为春秋时期和战国时期。那时是中国历史上的大分裂时期，也是学术风气最为活跃的时期。
[3] 宋朝。从公元960年至公元1279年，是中国历史上商品经济、文化教育、科学创新高度繁荣的时代。

本级词

忠心 | zhōngxīn
loyalty

选拔 | xuǎnbá
to select

素质 | sùzhì
inner quality

沿 | yán
along

波浪 | bōlàng
wave

错过 | cuòguò
to miss (an opportunity, a train, etc.)

雨衣 | yǔyī
raincoat

出事 | chū shì
to have an accident

超纲词

重用 | zhòngyòng
to put someone in an important position

滚滚 | gǔngǔn
rolling

有礼貌地提出，不应该和父母吵架。

此外，孔子认为"孝顺"和"忠心"的本质是相同的。把对父母的孝心转化为对国家的忠心，把对家庭的责任感转移到对国家的责任感，这是孝道文化的一大特点。历代的皇帝在选择继承人、选拔人才时，都会仔细考察这个人是否具备"孝顺"这一基本素质。不孝的人常常会被认为不忠，很难得到国家的重用。

拓展阅读

曹娥救父

东汉时期，舜江边有一个很小的村庄。大家沿江居住，以捕鱼为生。村中有一个姓曹的人，几乎每天都在舜江上捕鱼。他的女儿叫曹娥，年仅14岁，是一个聪明漂亮又十分孝顺的姑娘。

有一年的春末夏初，接连下了几天暴雨，舜江的水一下子涨了起来。舜江波浪滚滚，淹没了岸边的田。人们既希望有大水又害怕大水，因为水涨了会有很多鱼虾，但是这时去捕鱼又异常危险。曹娥劝父亲不要去捕鱼，太危险了，但是她父亲还是决定要去。这是捕鱼的好时机，怎么能错过？他整理好网，披上雨衣，撑着小船就去了。

曹娥在家非常不放心。她一直等到天黑，父亲还没有回家。她便跑到岸边去找父亲，可岸边一个人也没有。曹娥慌了："爹不会出事了吧？"这时有人说，好像看到一只小船

被江水冲走了，不知道她父亲在不在上面。

　　曹娥一听，赶忙找来村民们一起寻找。找了很久，大家都劝她回家休息，但是她哪儿肯？整整一夜她都在江边哭喊，但是根本没有回应。曹娥沿着江岸边走边哭，哭了七天七夜，眼睛都哭肿了，眼睛里流出的都是血。第八天，曹娥看见江里有一个影子，形状很像是一个人。她赶忙找来一根杆，想救人上来。可试了好久也没成功。没办法，曹娥自己跳入江中，一去不回。

　　又过了三天，江面终于平静了下来。人们看到下游有两个人浮在江上，跑过去一看，正是曹娥和她的父亲。人们把曹家父女救了上来，但是他们都已经死了。曹娥死了还能漂到父亲身边，紧紧拉着父亲，大家都说这是因为天上的神仙被她的孝心感动，帮了她一把。村民们好好埋了父女俩，还把这个村庄改为"曹娥村"。

本级词

回应 | huíyìng
to response

沿着 | yánzhe
along a direction

肿 | zhǒng
swollen

杆 | gān
pole, stick

父女 | fùnǚ
father and daughter

练习

一、根据文章判断正误。

（　　）1. 沉香救母这个故事是1949年以后创作的，是一个非常年轻的神话故事。

（　　）2. 三圣母的哥哥二郎神，对妹妹私自结婚的事非常生气。

（　　）3. 虽然三圣母有宝莲灯在手，但还是打不过二郎神。

（　　）4. 在师父的指导下，沉香的能力提升得飞快，最后一个人就能把二郎神打败。

（　　）5. 西周特别重视"孝道"。到了汉朝，尊敬老人进一步制度化。

（　　）6. 孔子认为，"孝顺"和"忠心"的本质是相同的。不孝的人常常会被认为不忠。

（　　）7. 是曹娥导致父亲出了事，所以她非常愧疚。

二、根据文章选择正确答案。

1. 以下哪种不是传统孝道文化的体现？ ＿＿＿＿＿＿

　　A. 尊敬、关爱老人　　　　　　　B. 为父母长辈养老

　　C. 处理丧事、扫墓　　　　　　　D. 把父母送到养老院

2. 宋朝对"孝道"的看法，不包括以下哪一项？ ＿＿＿＿＿＿

　　A. 孩子对长辈的命令要绝对服从。

　　B. "孝"是与生俱来的。

　　C. 尊重父母不是绝对服从。

　　D. "孝道"是管理家族，展示家族权力的工具。

3. 关于孝道文化，以下哪项正确？＿＿＿＿＿＿＿

A. 孝道文化在维护家庭和谐、建设和谐社会的过程中发挥了作用。

B. 中国人对"孝道"的认识，几千年来没有改变过。

C. "孝道"不包括赡养父母，更重要的是尊敬父母。

D. 孝道文化和国家选拔人才无关。

三、思考与讨论。

1. 文章中说了哪些孝顺父母的行为？你在日常生活中是如何孝顺父母的？

2. 在你们国家的文化中，"孝"的含义是什么？

3. 曹娥为救父亲而死，你如何看待她的做法？

4. 父母年轻时抛弃孩子，等孩子长大之后，年老的父母又要求孩子赡养自己。

这样的情况下，你认为孩子应该赡养父母吗？

5. 上网查找"缇萦救父"的历史故事，说说这个故事的内容。
_{Tí Yíng}

第十二章 牛郎织女

本级词

涉及 | shèjí
to involve

成分 | chéngfèn
ingredient, composition

超纲词

家喻户晓 | jiāyù-hùxiǎo
to be known to every household

　　自古以来，不管哪个时代，人们都渴望拥有一份浪漫的爱情。中国民间有四大爱情故事——"牛郎织女""白蛇传""梁山伯与祝英台"以及"孟姜女哭长城"。这四个故事或涉及神仙，或提到神力，或多或少都带有一些神话成分。

　　牛郎织女的故事家喻户晓。牛郎和织女的名字是从星星的名字变化而来的。《诗经·小雅·大东》[1]中就有关于"牵牛星"和"织女星"这两个星星的记载，这一

---

[1] 《诗经》是中国最早的一部诗歌总集，收集了西周初年至春秋中叶（前 11 世纪至前 6 世纪）的诗歌，共 311 篇。

直以来都被认为是牛郎织女传说的起源。到了南北朝[1]时期，牛郎织女的故事情节逐渐完整。此后，也常常出现在诗、词等各种文学作品中。中国人还根据牛郎织女的故事，将农历七月初七定为中国的情人节，也称"七夕节"。在四大爱情故事中，只有牛郎织女这个故事有与其对应的传统节日。

牛郎织女

我们都知道，天上的云总是在不停地变换，时而高，时而低，时而像纱，时而像棉。而这些云朵，都是天上的一位叫织女的仙女织出来的。织女是天空的美容师，她每天的工作就是织出天上形状多样的云朵，让蓝天变得更加美丽。织女每天忙这忙那的，天天做着一样的工作，无聊极了。所以，她特别想到人间走走看看。

人间有一个男孩叫牛郎。他很小的时候，父母就去世了。他和哥哥嫂子一起生活。哥哥嫂子不但不好好照顾牛郎，反而常常欺负他。他每天天不亮就要起床，磨了小麦、煮完粥、洗好衣服，然后再去种田。回家后，他还要继续做各种家务。要是睡觉前没做完，就要挨打。

一天，嫂子喊来牛郎，对他说："你已经长大了，我们不再养你了。这头老牛你牵去，其他的都是你哥哥的。你今天就走吧！"

牛郎只好带着老牛离开了家，找到一个山洞住下了。这

[1] 南北朝，即南朝和北朝的总称。约从公元 420 年至公元 589 年。这一时期中国南方和北方处于分裂状态。

本级词

时而 | shí'ér
once in a while, sometimes

棉 | mián
cotton

织 | zhī
to weave, to knit

蓝天 | lán tiān
blue sky

磨 | mó
to grind

小麦 | xiǎomài
wheat

粥 | zhōu
congee

挨打 | áidǎ
to get a beating

超纲词

农历 | nónglì
the lunar calendar

纱 | shā
yarn, gauze

仙女 | xiānnǔ
fairy

美容师 | měiróng shī
cosmetician

嫂子 | sǎozi
elder brother's wife

头牛虽然很老了，但是很愿意干活，是牛郎的好帮手。几年后，他有了自己的菜园和果园，好不容易过上了吃得饱穿得暖的生活。牛郎唯一的娱乐活动就是吹笛子。没事的时候，他就吹笛子给老牛听。

一天，老牛突然开口对牛郎说："牛郎，你该成家了吧？"牛郎听到老牛说话，吓了一跳，但他一点儿也不害怕："是呀，可我这么穷，没人愿意嫁给我吧。""现在有一个好机会。"老牛接着说，"你翻过右边那座山，就能看见一个湖。近日常常有一群仙女到湖中洗澡，明日她们也会去。其中有一位穿着红色外衣的仙女，叫织女。我觉得你跟她挺合适的，可以跟她聊聊。"牛郎不太相信，但他还是决定听老牛的话，明天去湖边看看。

第二天，牛郎沿着一条弯弯曲曲的小路来到湖边，看到一群仙女在湖中，湖边的小坡上放着仙女们五颜六色的衣服。牛郎也不知道谁是红色外衣的主人，只好先把这件衣服收了起来。

过了一会儿，仙女们纷纷上岸，穿上衣服飞回天上去了，最后只剩下织女穿着背心在湖里不知所措。牛郎出来，把衣服还给了织女。牛郎见她温柔美丽，一下就爱上了她。牛郎邀请织女留下来听他吹笛子。织女觉得牛郎演奏的乐曲非常优美，不禁也对他有了好感，就挨着牛郎坐了下来。两人你一句我一句地聊了起来，越聊越开心。织女本来就十分向往人间，便决定要留在人间，做牛郎的妻子。

从此，牛郎在地里种粮食，织女在家里织布、做饭，两人的日子过得一天比一天好。一下子三年过去了，他们添了两个活泼可爱的孩子，生活越来越幸福了。

这天，生郎去喂牛。老牛叹了一口气，对生郎说："我快死了，我的皮你往后用得着。等我死了以后，你把我的皮留着。遇到紧急的事，你就披上我的皮，它能帮你应对困难。"说完，老牛就死了。生郎按照老牛说的做了，一家人流着泪把老牛埋了。此后，生郎就把牛皮带在身边，常常看着牛皮怀念老朋友。

又过了一段时间，织女留在人间的事被发现了。王母娘娘命令天兵到人间把织女抓回天上，要狠狠地惩罚她。趁着生郎在地里干活的时候，天兵闯入了生郎家带走了织女。两个孩子紧紧地抓住织女的手，大喊："妈妈不要走！"天兵一把把孩子推倒在地上，拉着织女就往天上飞去。在地里干活的生郎听到哭喊声，赶忙跑回了家。只见孩子坐在地上大哭，而织女也不见了。

生郎决心要把织女救回来。他突然想起了老牛的话。于是，他把孩子放在两只筐子里，披上牛皮，挑起孩子，大步往屋外走。刚出屋子，生郎竟然飞了起来。他挑着孩子，向着织女的方向飞去，眼看就要赶上了。这时，王母娘娘用手一划，在天上划出了一条宽宽的大河，这就是银河。生郎和织女只能隔着河远远地望着对方。两个孩子在河边大哭。他们一家四口在河的两岸，一边哭一边舀水，想一起把银河的水舀干。

生郎和织女的爱情打动了喜鹊。千万只喜鹊飞过来，搭成一座桥梁，让生郎和织女走上鹊桥相见。王母娘娘也没有办法再阻止了，只好允许两人在每年的这一天，也就是七月初七，可以在鹊桥上相见。

本级词

叹气 | tàn qì
to sigh

用得着 | yòngdezháo
to need, to find sth. useful

不见 | bújiàn
to be missing

赶上 | gǎn shang
to catch up with

桥梁 | qiáoliáng
bridge

允许 | yǔnxǔ
to permit, to allow

超纲词

筐子 | kuāngzi
a basket

银河 | yínhé
galaxy

舀 | yǎo
to scoop up

喜鹊 | xǐquè
magpie

93

本级词

仰 | yǎng
to face upward

望见 | wàngjiàn
to set eyes on

压迫 | yāpò
to oppress

反抗 | fǎnkàng
to resist, to fight against

如一 | rúyī
to remain the same

戏曲 | xìqǔ
traditional Chinese opera

超纲词

推崇 | tuīchóng
to acclaim, to praise highly

轰轰烈烈 | hōnghōnglièliè
vigorous, large-scale

后来，每到农历七月初七的晚上，人们都会仰头望着天空，寻找银河两岸的牛郎和织女，希望能望见他们一年一次的相会。据说这天晚上，到处都见不到喜鹊，因为它们都搭鹊桥去了。

牛郎织女的故事并不圆满，可以说非常悲惨。他们被一条银河拆散了，每年只有农历七月初七这天才能见一次，过起了真真正正的异地生活。但这个爱情故事却仍被人们所推崇。其原因也许就在于，牛郎和织女在面对爱情路上的障碍、面对破坏爱情的压迫时，他们选择了勇敢地反抗，彼此始终坚定不移。

中国传统的爱情观，不是一时的轰轰烈烈，而更倾向于始终如一。这种爱情观，在民间传说、诗词、戏曲中都有体现。如宋朝秦观所写的《鹊桥仙》中有一句："两情若是久长时，又岂在朝朝暮暮。”意思是，如果两个人可以永远真心爱着对方，就不必在乎是不是每天都待在一起。对于爱情，古人更在乎心灵的互相理解，更在乎爱情的长久。而"浪漫"这个因素，在古代爱情观中似乎没那么重要。两人生活平平淡淡，看似没有激情，却能始终相爱，手牵手走完人生，这才是古人心目中的完美爱情。

拓展阅读

田螺姑娘

从前，有个勤劳的小伙子，叫谢端。他出生没多久就成了孤儿，是村民们把他养大的。谢端18岁时，在山坡上搭了一间小屋子，开始自己种花生过日子。虽然他每天都辛苦劳动，但日子还是过得很苦。

一天，谢端在地里劳动，在杂草里发现了一只很大的田螺，竟然有花瓶那么大。谢端从没见过那么大的田螺，于是，他把田螺带回家，放进大水缸里养了起来。

又过了几天，谢端干完活，拖着无力的身体回到家，一推开门就闻到一股香味。他一时蒙了，走进房间，想不到桌子上已经摆好了饭菜，连筷子、汤勺都摆好了。看到这些，谢端食欲大增，心想是邻居来帮忙了，没有怀疑就吃了起来。

连着几个月，谢端干完活回到家，发现桌子上都会放着做好的饭菜。床铺好了，衣服也补好了，连内衣都洗得干干净净的。谢端感动极了。这天傍晚，谢端特意早回家，带着

本级词

母鸡 | mǔjī
hen

炒 | chǎo
to stir-fry

餐 | cān
measure word for meals

一只老母鸡去感谢邻居。可邻居却摇摇头，说："我没去过你家啊！"谢端觉得很奇怪，决定要查清楚这件事，把好心人找出来。

第二天，谢端种地时望见家里的厨房里升起一阵白烟，急忙跑回家去。饭菜已经做好，可家里一个人也没有。连着几天，谢端都没有碰到这个好心人。这天，谢端拿着工具，假装外出干活。过了一会儿，他又悄悄返回，躲在院子里，注视着屋内的一切。

快到傍晚时，水缸里走出一位仙女似的姑娘。她熟练地在厨房里忙来忙去，煮饭、炒菜，不一会儿就做出了一餐丰盛的饭菜。做好饭菜后，她又转身去收拾房间。这时，谢

96

端悄悄跑到水缸边，发现大田螺只剩下一个空壳了。谢端不禁叫出声来，把姑娘吓了一大跳。她急忙往水缸跑去，可被谢端挡住了去路。在谢端的再三要求下，姑娘只好说出了真相。

　　"我本不该跟你透露这些的。我叫素女，是天上的仙女。玉皇大帝看你勤劳努力，但仍然生活得如此艰难，就命令我来到人间，帮你处理一年家务。"姑娘停了停，继续说道，"本来我应该到期后再走，但现在我暴露了身份，不能再待下去了。我走后，你只要好好努力，日子一定会慢慢好起来的。我把田螺壳留给你，你用它来储存大米，大米就吃不完了。"说完，屋外刮起一阵大风，田螺姑娘就随着风飞走了。

　　听完姑娘的一番话，谢端心里非常感动。此后，他更加努力，靠着自己勤劳的双手和田螺姑娘留下的田螺壳，让日子过得越来越好。

本级词

透露 | tòulù
to reveal, to disclose

到期 | dào qī
to expire, to become due

暴露 | bàolù
to expose

大米 | dàmǐ
rice

练习

一、根据文章判断正误。

（　　）1. 中国民间四大爱情故事，是"牛郎织女""白蛇传""梁山伯与祝英台"和"孟姜女哭长城"。

（　　）2. 织女每天的工作是帮天上的仙女们织好看的衣服。

（　　）3. 牛郎对织女一见钟情。织女听牛郎吹笛子以后，也对他有了好感。

（　　）4. 老牛老了，所以牛郎把它杀了，把它的皮留了下来。

（　　　）5. 牛郎和织女的爱情打动了王母娘娘，所以她让千万只喜鹊飞来，搭成

鹊桥，让牛郎和织女走上鹊桥相见。

（　　　）6. 对于爱情，古人更在乎心灵的互相理解与爱情的长久。

二、根据文章选择正确答案。

1. 与"牛郎织女"有关的中国传统节日是 ＿＿＿＿＿＿＿＿＿。

　　A. 元宵节　　　　　　B. 清明节　　　　　　C. 端午节　　　　　　D. 七夕节

2. 关于牛郎，下列哪项正确？ ＿＿＿＿＿＿＿＿

　　A. 牛郎和哥哥嫂子一起生活，他们对牛郎很好。

　　B. 哥哥嫂子为牛郎找了一个家，牛郎就搬出去住了。

　　C. 牛郎和老牛一起辛苦劳动，好不容易过上了好日子。

　　D. 听到老牛会说话，牛郎非常害怕。

3. 关于文章中描述的传统爱情观，下列哪项正确？ ＿＿＿＿＿＿＿＿

　　A. 推崇结局并不圆满的悲剧爱情。　　　　B. 推崇夫妻异地生活。

　　C. 推崇轰轰烈烈的爱情。　　　　　　　　D. 推崇始终如一的爱情。

4. 关于田螺姑娘，下列哪项正确？ ＿＿＿＿＿＿＿＿

　　A. 她是一个妖怪，是田螺变成的。

　　B. 她为谢端做饭做菜、处理家务。

　　C. 她是因为喜欢谢端，所以才来到人间的。

　　D. 她什么也没给谢端留下就被大风刮走了。

三、思考与讨论。

1. 你们国家传统的爱情观是什么样的？你个人的爱情观呢？

2. 你们国家的人会如何表达"我爱你"？传统的方式和现代的方式有什么差别？

98

第十三章

白蛇传

　　"白蛇传"是民间四大爱情故事中唯一一个有妖怪<u>出场</u>的故事，也反映了<u>中国人</u>"万事万物都有人情"的情感观念。这个故事起源于<u>宋朝</u>，最初并没有文字记录，<u>明朝</u>末的《警世通言》才将这个故事记载了下来，并明确了一些故事情节。到了<u>清朝</u>，这个故事逐步完整并以戏曲的方式<u>盛行</u>于民间。大约在<u>清朝</u>中期，民间才给这个故事加上了名字——"白蛇传"。如今，白蛇传依旧<u>活跃</u>在电视<u>屏幕</u>上，成为当代年轻人最喜欢的爱情故事之一。据此创作的电视剧、电影、动画、戏曲、小说和<u>短片</u>不计其数。

　　白蛇传的故事发生在<u>南宋</u>时期，讲述的是一条可以变成人的白蛇——<u>白素贞</u>，和一个普通人——<u>许仙</u>之间一段<u>感人</u>至深、令人<u>难忘</u>的爱情故事。

本级词

<u>出场</u> | chū chǎng
to come on the stage

<u>盛行</u> | shèngxíng
to be popular

<u>中期</u> | zhōngqī
middle period

<u>活跃</u> | huóyuè
to be active

<u>屏幕</u> | píngmù
screen

<u>短片</u> | duǎnpiàn
short film

<u>感人</u> | gǎnrén
touching, moving

<u>难忘</u> | nánwàng
unforgettable

白素贞与许仙

清明时节，杭州西湖岸边风景如画，断桥上游人络绎不绝。游人中，有两条蛇妖：一条白蛇，叫白素贞；一条青蛇，叫小青。她们两个非常要好，都十分向往人间热闹的生活，特意变成人形来到西湖游玩。

四月的天说变就变。晴朗的天空突然布满乌云，下起了暴雨。白素贞和小青全身都被淋湿了，正想着去哪儿躲雨。这时她们头上突然多了一把伞。白素贞转身一看，原来是一位读书人在为她们撑伞。白素贞和读书人面对面站着，四目相对，一下子都害羞得红了脸。"这把伞留给你们用吧。"说完，读书人就冒雨离开了。一看伞面，写着"许仙"二字，白素贞心里非常高兴。第二天，她们打听到了许仙的家，特意上门还伞。此后，三人常常见面，白素贞和许仙的感情也逐步增进。不久，他们就结为夫妻，来到江苏镇江开设了一家药店。

白素贞和许仙都是善良的人。虽然药店租金不便宜，但药品定价都很低，穷人来治病也不收取费用。此外，他们还会不时地发放馒头和药品，有需要的人都可以前来领取。白素贞治好了许多人的疾病，甚至还用法力帮助盲人重见光

明。好多人都把她当作救命恩人，亲切地称她为"白娘子"。

　　镇江金山寺有个厉害的和尚，叫法海。他知道白娘子是个蛇妖，就找了一个机会告诉了许仙。许仙一听，心里一惊，但他细细一想："我妻子内心善良，救了那么多人的命。她绝不可能是妖怪的。""你待会儿就会知道的。"法海边说边递给许仙一壶酒，"今天是端午节。你让她今天喝下这壶酒，她就会显出原形。"许仙半信半疑地照做了。谁知，不试不知道，一试吓一跳。白娘子果然显出了蛇的样子，把许仙吓死了。

　　白娘子酒醒后发现了倒在地板上的许仙。她不顾危险，偷来了可以救命的仙草，让许仙复活了。复活后的许仙更加感激妻子。他相信妻子内心善良，不管她是人是妖，都不会伤害别人。他向妻子承诺，永远不会和妻子分开。

　　法海看到许仙并没有离开白娘子，又想了一个主意。他把许仙骗到金山寺，还把他扣在了那儿。他想利用许仙，抓到白娘子。许仙发现自己上当了，但也没有办法。白娘子为了救出许仙，来到金山寺与法海大战了一场。她用法术引来了长江水。眼看金山寺就要被洪水淹没了，法海脱下外衣，把外衣变成了一道堤坝，将洪水挡在了寺外。堤坝随着洪水上升而不断增高，不管波浪有多高，都漫不过去。打斗时，白娘子发现自己怀孕了。为了保护孩子，她只好放弃，并回到了杭州。没想到，许仙趁双方打斗时也逃了出来，回到了杭州。两人偶然在西湖的断桥上再次遇见，百感交集。

　　白娘子水漫金山寺，伤害了镇江城区很多无辜的百姓，她非常愧疚。生下孩子后，她主动找法海接受惩罚。法海将她压在了西湖雷峰塔下。若她要再出来，除非雷峰塔倒。而

本级词

当作 | dàngzuò
to regard as

恩人 | ēnrén
benefactor

寺 | sì
temple

待会儿 | dāihuìr
in a moment

壶 | hú
a kettle of

端午节 | Duānwǔ Jié
Dragon Boat Festival

显出 | xiǎnchū
to appear

地板 | dìbǎn
floor

承诺 | chéngnuò
to promise

扣 | kòu
to detain

上当 | shàng dàng
to be deceived

城区 | chéngqū
city proper

超纲词

和尚 | héshang
Buddhist monk

半信半疑 | bànxìn-bànyí
half-believing

漫 | màn
to inundate

无辜 | wúgū
innocent

愧疚 | kuìjiù
to feel guilty

许仙则自愿成为和尚，在塔外日夜陪伴着妻子。

多年之后，白娘子的儿子考上了状元。他来到雷峰塔前看望母亲。不料他刚一跪下，雷峰塔就倒了。白娘子从塔中走了出来，母子二人抱头痛哭。从此，他们一家三口幸福地生活在一起，再也不分离了。

这个故事中，除了男女主角许仙和白娘子以外，还有一个焦点人物：法海。白娘子和法海代表了善恶对立的双方，但他们的人物形象都非常复杂。表面上看，白娘子是千年蛇妖，代表的是恶；法海是佛教大师，代表的是善。但白娘子免费为穷人治病，对许仙的感情始终如一，是典型的好人；而法海只顾捉妖，拆散了相爱的夫妻，还把无辜的许仙也抓了起来。如此看来，白娘子是善，法海是恶。可接下来，白娘子为了救出许仙，制造洪水，水漫金山寺，害死了金山寺内外以及镇上许多无辜的百姓；而法海保护金山寺与她对抗。这时白娘子是恶，法海是善。究竟谁是善、谁是恶，没有人能说得清楚。

法海认为，只要是妖就一定是恶的，不管这个妖怪做过什么好事。这种极端的想法在如今的现实社会中依然能找到影子。虽然世界上没有妖怪，但是有不同皮肤颜色、不同国籍背景、不同想法做法的人。当我们遇到这些"差异"时，能否次次做到体谅他人、不乱下判断呢？要做到这些，也许是人生一辈子的必修课。

白蛇传讲的不仅仅是爱情，也进一步深化了人们对是非善恶的认识。正因为人们能从各自不同的是非观念出发来理解故事中的种种人物，才使这个故事至今仍然具有打动人心的艺术魅力。

拓展阅读

红玉

从前，有一户姓冯的人家，家里十分贫困。冯家儿子叫冯相如，是个读书人。一天夜里，相如在书房学习，看见一个漂亮的女子在院墙上偷看。相如向她招手，她不过来也不走开，只是面带笑容地看着他。相如再三请求后，她才翻墙进来。两人聊了一会儿天，才知道她名叫红玉。此后，红玉常常夜里出入冯家，找相如聊天。两人也渐渐喜欢上了对方。

没过多久，这件事被相如父亲发现了。他大骂儿子："你才吃了几年墨水，就开始想男女之事？咱们家如此穷苦，你不努力读书，以后能干什么！"扭过头又骂红玉："一个女孩子，大晚上跑到男人家来。若被别人发现，不只你家的面子，连我家的面子也会被你丢尽！"

冯父走后，红玉哭着对相如说："没有父母的同意，我们怎么可能结为夫妻？我这里有四十两银子，你拿着这些钱去娶别家的女子吧。"说完，红玉就走了。不论相如再怎么找，都找不到红玉。

本级词

深化 | shēnhuà
to intensify, to deepen

贫困 | pínkùn
poor, impoverished

书房 | shūfáng
study room

招 | zhāo
to wave

出入 | chūrù
to enter and go out

墨水 | mòshuǐ
ink, book learning

扭 | niǔ
to turn

超纲词

魅力 | mèilì
glamour, charm

相如没有办法，只好用这笔钱娶了妻。两人生了一个男孩，取名福儿。有一年清明节时，夫妻两人带着孩子去扫墓，遇到了当地的强盗头子。他看上了相如的妻子，第二天就带着一行人来冯家抢人。冯家父子都受了重伤，妻子也被抢走了。没过多久，冯父就因心脏病死了，妻子也因不听强盗的话，被打死了。相如多次想杀了那个强盗，但又担心儿子会无人看管，每天晚上都睡不着觉。

这天，突然有个人来到冯家，主动提出要帮相如杀了那个强盗。相如心中大喜，跪地磕头感谢。那人走后，相如当天晚上就带着儿子逃走了。第二天，便传出强盗一家被杀的消息。县官认定，这肯定是冯相如干的，于是派出了一支队伍到处搜，在城外找到了带着孩子的冯相如。士兵一把夺过孩子随手扔下山谷，然后把哭得昏死过去的冯相如抓了起来，带走了。

见到县官，相如大喊冤枉，哭着说："我死了不可惜，可我的孩子有什么罪？你们为何要……"县令不耐烦地打断了相如的话，"你杀了别人全家，我杀你一个儿子又如何？"随后就把相如关进牢里，还没收了他的家产。

当天夜里，县官刚睡下，听见有什么东西打在了头边。他侧过身一看，吓得大叫起来。原来头边有一把锋利的短刀，深深地扎进床板里，根本拔不出来。县官心中很害怕，认为冯相如有神仙保护，就赶忙把冯相如放了。

冯相如回到家里，对着空空的屋子，不禁大声痛哭起来。自己一个人活下去还有什么意思呢？他刚要自杀，忽然听到有人敲门。相如打开门一看，竟是红玉。她身后还护着一个孩子，正是福儿。相如非常吃惊："你是怎么找到他的?"红玉说:"我跟你说实话吧,我是一只狐狸,有些法力。我知道你有大难,特意前来帮助你的。"只见福儿紧紧拉着红玉的手,非常依赖红玉,居然有点儿不认得父亲了。

后来,红玉就住在了冯家,每天整理家务,把大小事情都安排得清清楚楚。相如也安心参加乡试,考了一次就成功了。此后,三人的日子越过越好,越过越幸福。

本级词

说实话 | shuō shíhuà
to tell the truth

超纲词

狐狸 | húli
fox

一、根据文章填写正确的词语。

1. 民间四大爱情故事中，有妖怪出场的故事是＿＿＿＿＿＿＿＿＿＿＿。它反映

    了中国人＿＿＿＿＿＿＿＿＿＿＿＿＿＿＿＿＿＿＿＿＿＿＿的情感理念。

2. "白蛇传"的故事主要发生在南宋时期的＿＿＿＿＿＿＿＿和＿＿＿＿＿＿＿＿这

    两座城市。

3. ＿＿＿＿＿＿＿＿＿＿＿＿时，白娘子喝下了许仙给她的酒，显出了原形。

4. 为了救出许仙，白素贞＿＿＿＿＿＿＿＿＿＿＿＿＿＿，伤害了很多无辜百姓。

5. "白蛇传"之所以至今仍具有打动人心的艺术魅力，是因为人们能＿＿＿＿＿＿＿

    ＿＿＿＿＿＿＿＿＿＿＿＿＿＿＿＿＿＿＿＿＿＿来理解这个故事。

二、根据文章选择正确答案。

1. 以下哪项不是白素贞和许仙做的好事? ＿＿＿＿＿＿＿

    A. 药店的药品定价低廉。

    B. 所有病人来治病都不收取费用。

    C. 不时发放馒头和药品。

    D. 治好了许多人的疾病。

2. 关于白娘子和法海，文章的看法是什么? ＿＿＿＿＿＿＿

    A. 白娘子代表的是恶，法海代表的是善。

    B. 白娘子代表的是善，法海代表的是恶。

    C. 白娘子代表的是恶，法海代表的也是恶。

    D. 谁善谁恶，没人说得清楚。

3. 文章中提到的"人生一辈子的必修课"是什么？ _____

   A. 面对"不同"，能次次做到体谅他人，不乱下判断。

   B. 能发现不同肤色、国籍、背景、想法的人。

   C. 能与不同肤色、国籍、背景、想法的人做好朋友。

   D. 能次次分清楚是非善恶。

4. 相如父亲骂儿子："你才吃了几年墨水……"这里，"吃墨水"的意思是什么？ _____

   A. 吃了很多写字用的墨水。

   B. 吃了很多不健康的食物。

   C. 上学读书。

   D. 练习写字。

5. 关于红玉，下列哪项正确？ _____

   A. 她给了相如一笔钱，让他去娶别的女孩儿。

   B. 红玉为相如生了一个男孩，取名福儿。

   C. 红玉杀了强盗，为相如报了仇。

   D. 红玉是一只狐狸，她想害冯相如。

三、思考与讨论。

   1. 你们国家是否有"人和妖"或者"人和鬼"之间的爱情故事？请简单说说。

   2. 在你和外国朋友交流的过程中，是否遇到过文化冲突？是什么样的冲突？你是如何解决的？

第十四章 财神爷

　　不管在哪个国家，也无论是在古代还是现代，金钱都是普通人日常生活中绕不过去的话题之一。能过上不愁吃穿、幸福指数高的生活，是全世界人民的共同愿望。中国人也不例外。这种追求充分反映在中国的传统风俗、生活习惯、语言表达等各个方面中。

　　比如，中国最重要的传统节日——春节，就有许多与"钱"有关的风俗习惯。中国北方地区，除夕晚上要吃饺子，因为饺子长得像金元宝；年夜饭上要有"鱼"，意思是"年年有余"；拜年时要说"恭喜发财"；长辈要给晚辈"压岁钱"；这些都是和金钱有关的风俗。除此以外，春节还有一个非常重要的活动，就是"迎财神"。

"财神"是<u>中国</u>民间传说中主管金钱的神。民间普遍认为，正月初五是<u>财神</u>的生日，也是迎<u>财神</u>的吉利日子。依照传统，金融行业一般都是正月初五重新开始营业。打开大门时，应该放一串长长的鞭炮欢迎<u>财神</u>，希望<u>财神</u>光临并保佑企业在新的一年经营顺利。一些小店还会特意在店里挂上<u>财神</u>的画像，祭拜<u>财神</u>。

财神的故事

<u>财神</u>最早出现在《三教搜神大全》这本书中，距离现在仅700年左右。可以说，<u>财神</u>是<u>中国</u>神话系统中的"新人"，但这并不阻碍他成为<u>中国</u>民间最受欢迎的神。在<u>中国</u>，到处都能看到<u>财神</u>庙，许多百姓也会在家里挂上<u>财神</u>的画像，时时祭拜。人们都希望能得到<u>财神</u>的保佑，过上有钱的日子。

民间一般将<u>财神</u>分成"文财神"和"武财神"两类。两位<u>财神</u>手中的东西不同。拿薪水的白领和蓝领，一般供奉文财神，比如在机关单位办公的员工，在外打工的民工，等等；而自己创办公司当老板的人，一般供奉武财神。

现在我们看到的<u>财神</u>净是男性，没有女性。但据说最初<u>财神</u>庙里的<u>财神</u>总是男女一起出现的，他们是一对夫妻。后来这位善良的女<u>财神</u>突然不知道去哪儿了，原来她被<u>财神</u>给抛弃了。<u>财神</u>为什么要抛弃妻子呢？这要从一个乞丐说起。

从前有个人，他身体健康，不是残疾人。但他非常懒，这也不爱做，那也不想干。他父母去世后没多久，家里就揭

本级词

金融 | jīnróng
finance

新人 | xīnrén
newcomer

薪水 | xīnshuǐ
salary

白领 | báilǐng
white-collar worker

蓝领 | lánlǐng
blue-collar worker

机关 | jīguān
office, institution

办公 | bàn gōng
to work in an office

民工 | míngōng
laborer

创办 | chuàngbàn
to establish, to found

净 | jìng
only

残疾人 | cánjírén
disabled person

懒 | lǎn
lazy

揭 | jiē
to lift (a lid), to uncover

超纲词

鞭炮 | biānpào
firecracker

画像 | huàxiàng
portrait

供奉 | gòngfèng
to serve the god or emperor

乞丐 | qǐgài
beggar

嫌 | xián
to dislike, to complain

街头 | jiētóu
street

次数 | cìshù
frequency

钟头 | zhōngtóu
hour

扁 | biǎn
flat

残疾 | cánjí
physical disability

觉悟 | juéwù
consciousness, awareness

赚钱 | zhuàn qián
to make money

闭 | bì
to close, to shut

恰恰 | qiàqià
just, exactly

富人 | fùrén
rich person

不开锅了。即使这样他还是嫌劳动辛苦，放着好好的地不种，变成了一个伸手要饭的乞丐。他天天在街头要饭，要的次数多了，愿意给他食物的人也越来越少了。他只能过着一顿饱一顿饿的日子。

有一天，他在大街上边走边要饭。几个钟头过去了，他什么都没要到，肚子已经饿扁了。此时，他恰好路过了一座庙。这座庙里供奉着很多神，有保佑身体健康的，有保佑婚姻长久的，有保佑自己当官的，有保佑亲人平安的。他进庙后，直接走到了保佑金钱的财神爷面前，跪下便拜，嘴里一直求财神爷送给他一点儿钱。别的神他连看都不看一眼，更不用说拜了。

财神爷低头一看，原来是一个乞丐。再仔细观察，发现这个乞丐身体健康，也没有残疾，又仔细听了他的故事，知道他是因为懒，所以没钱。财神爷心想，天下那么多乞丐，要是个个都像你这样没有觉悟，自己不努力赚钱，只想从我这儿要钱，我给得过来吗？于是，财神两眼一闭，没有理这个乞丐。

可乞丐心中想的和财神爷想的恰恰相反。他想："富人不愁吃穿，给他们钱有什么用？财神要给钱肯定是给像我一样没钱的人。"于是，他不停地拜，不停地求，一副不达目的不放弃的样子。可他求来求去，财神爷就是不睁眼。

这时，在一旁的财神妻子觉得乞丐很可怜。她劝丈夫给乞丐一点东西，可财神仍旧保持沉默。财神妻子虽也受大家供奉，但实际权力还是在她丈夫手上，丈夫说什么就是什么。丈夫不点头，她怎么能将钱送给乞丐呢？财神妻子无奈，只得取下自己的耳环，偷偷扔给了那个乞丐。乞丐突然感到身旁掉下了什么东西，仔细一看，原来是一副精美的金耳环。乞丐心里嫌少，不过少点儿就少点儿吧，总比没有强。于是他道了一声谢，就拿着这副耳环走了。

财神听到道谢，睁眼一看，发现妻子竟然偷偷地将自己送她的礼物转送给了这个又懒又穷的乞丐。财神大怒，立刻将妻子赶到了庙外，再也不让她回来。此后数百年间，再也没有一个懒人会因拜财神而成为有钱人。而财神也从此成了一个人。

追求财富是中国人生活中的一个热点话题。很多年轻人直接将赚钱作为自己的生活目标。但俗话说："君子爱财，取之有道，视之有度，用之有节。"喜欢钱没什么不可以，但是应该采用恰当的赚钱方式，消费也应该适当。

"取之有道"告诉人们，赚钱必须通过正当合法的渠道，应该靠自己的努力，赚可以赚的钱，不能为了赚钱而丧失自我，更不能靠违法行为来积累财富。

"视之有度"表示对待金钱不应该过分重视，也不能过分轻视。贫穷时不要到处抱怨，富有时也不要露富，这才是对待金钱的正确态度。要明白，金钱不是万能的，它不能化解所有问题。例如亲情、友情、爱情、他人的尊重和信任等等，这些都是无法用金钱来衡量的。

至于"用之有节"，说的是花钱时应节约。无论拥有多少财富，也不能浪费。中国传统的金钱观念主张平时应多存钱。这样，在有事时就不至于到处求人帮忙，看别人的脸

本级词

副 | fù
measure word for a pair of things

精美 | jīngměi
exquisite, delicate

热点 | rèdiǎn
popular

赚 | zhuàn
to gain

恰当 | qiàdàng
proper, suitable

适当 | shìdàng
appropriate

正当 | zhèngdàng
rightful, legitimate

渠道 | qúdào
channel

化解 | huàjiě
to dissolve

衡量 | héngliáng
to weigh, to judge

不至于 | búzhìyú
to be unlikely

色。大部分中国人的银行账户中都会留有一些应急资金，金额有多有少。有些人还会特意为买房或孩子教育配置专用资金。此外，中国人忌讳赖账或欠债，认为支出不应超出收入。市场调研显示，在中国，申请开通信用卡的人数比例不高。随着经济的发展，中国年轻人的消费能力逐步提升，但存钱仍是社会的主流趋势。与父辈不同的是，如今年轻人存钱并不单纯依靠"节"，更多的是靠"理"：通过理财，让资产增值。

聚宝盆

从前，有个穷苦的老爷爷，他租王地主家的地，自己种地过日子。

有一天，老爷爷正在地里干活，只听"当"的一声，地里好像有什么东西。他好奇地蹲下查看了一番，好像是块大石头。他沿着石头的边缘继续往下挖，只见一个石盆露了出来。这个石盆外观普通，卖不了几个钱。老爷爷心想，家里刚好没有装大米的东西，干脆把这个石盆拿回去装大米吧！

老爷爷费了好大力气，才把石盆搬回了家。他随手把石盆放在了门后，把家里仅剩的一小碗大米倒了进去，又去地里干活了。

傍晚，他从地里回来准备做饭。走到门后，他惊喜地发现石盆里竟然有满满的一盆大米。老爷爷赶忙把大米倒进袋子里，仔仔细细地把石盆检查了一遍，并没有异常。他又拿出了家里仅有的一点钱放到了石盆里。很快，石盆里就出现了好多钱，又是满满的一盆。"这种好事居然轮到我头上来了！"老爷爷高兴地跪在地上，不停地磕头感谢老天爷。

但他心里还是不踏实："我怎么能独自享受这一切呢？"于是，他每次使用聚宝盆得到大米或者金钱时，都会把其中的一大半用来捐助贫穷的老乡们。

这件事很快就传到了王地主的耳朵里。他跑到老爷爷的家里，发现了这个聚宝盆。老爷爷举起石盆说："我就是把它打碎，也决不会给你的！"硬抢不成，王地主想："不能

本级词

查看 | chákàn
to examine, to check

边缘 | biānyuán
edge

外观 | wàiguān
outward appearance

捐助 | juānzhù
to donate and help

不成 | bùchéng
unable to

超纲词

地主 | dìzhǔ
landlord

老天爷 | lǎotiānyé
God

就这样算了！"他跑到县官那儿起诉了老爷爷，说老爷爷偷了他家的石盆。于是县官派人把原告王地主、被告老爷爷和这个石盆都带回了官府。

县官是个酷爱钱财的人。他一听经过，知道了石盆原来是个聚宝盆，就打算亲自鉴定一下。他赶紧拿来了一根金子放进石盆里。很快，盆里就出现了十根金子。县官高兴得不得了，决定要霸占聚宝盆。

县官问："这个石盆是谁的？有证据吗？"王地主当然拿不出证据，可老爷爷挖到石盆时是一个人，也没有人为他证明。县官奸诈地笑了："你们都没有证据，那还打什么官司？既然这个石盆没有主人，那这个东西就是官府的，石盆就放在我这儿吧。好！官司判完了，回去吧！"就这样，他就把老爷爷和王财主都打发走了。

县官高兴地拿着石盆回家，刚准备再往盆里扔一些珠宝时，他的父亲拄着拐杖过来了，也想亲自放一根金子试试。可是，他岁数大了，走路不稳，刚走到盆边，就不小心跌倒了，转了个圈儿，刚好坐在了盆上。

县官赶忙伸手去拉。可他刚拉起一个，盆里又出现了一个。就这样，他一共拉起了十个人。县官急得直跳："你们到底谁才是真的啊？"十个人一齐说道："我是真的！"说完，这十个人居然拿着拐杖打了起来。只听"砰"的一声，聚宝盆被他们打碎了。这一下，县官不但没有发财，还多出了九个爹。

一、根据文章选择正确答案。

1. 下列风俗习惯，哪一项和"钱"没有关系？ _____

    A. 除夕晚上放鞭炮   B. 春节吃饺子

    C. 年夜饭上要有"鱼"   D. 迎财神

2. 关于那个乞丐，下列哪项正确？ _____

    A. 他是一个残疾人。   B. 他嫌劳动辛苦，不愿劳动。

    C. 他变成乞丐后，每天都能吃饱饭。   D. 他希望神仙保佑他身体健康。

3. 财神爷为什么没有理这个乞丐？ _____

    A. 因为财神爷很累了。

    B. 因为财神爷没听见乞丐的话。

    C. 因为财神爷觉得乞丐没钱是因为懒。

    D. 因为财神爷让妻子去处理这件事。

4. "视之有度"对人们提出了什么要求？ _____

    A. 赚钱要通过正当合法的渠道。   B. 对金钱不应过分重视或轻视。

    C. 消费时不应浪费。   D. 应学会理财，让资产升值。

5. 为什么在中国使用信用卡的人数比例不高？ _____

    A. 中国传统的金钱观念认为支出不应超出收入。

    B. 中国金融市场发展得较慢。

    C. 中国人认为信用卡不方便。

    D. 信用卡无法让资产升值、增值。

二、根据文章填写正确的词语。

1. 供奉文财神的人，一般是＿＿＿＿＿＿＿＿＿＿＿＿＿＿＿＿＿＿＿＿＿。

2. 供奉武财神的人，一般是＿＿＿＿＿＿＿＿＿＿＿＿＿＿＿＿＿＿＿＿＿。

3. 财神妻子觉得乞丐很可怜，就偷偷地把＿＿＿＿＿＿＿＿＿＿＿＿＿＿＿＿＿＿ 扔给了乞丐。

4. 俗话说："君子爱财，＿＿＿＿＿＿＿＿＿＿＿，＿＿＿＿＿＿＿＿＿＿＿＿， ＿＿＿＿＿＿＿＿＿＿。"

5. "聚宝盆"这个故事中，老爷爷每次使用聚宝盆，都会把其中的一大半用来 ＿＿＿＿＿＿＿＿＿＿＿＿＿＿＿＿＿＿＿＿＿＿＿＿＿＿＿＿＿＿。

三、思考与讨论。

1. 你们国家有财神吗？你们有什么和"钱"有关的风俗习惯？

2. 你是一个节约的人，还是一个喜欢买买买的人？说一说你的金钱观和消费观。

第十五章
灶神与门神

在中国传统文化中，各路神仙不计其数。各个宗教都有自己供奉的神或者佛，还有许多无宗教的神。真实的历史人物可以成为神，小说里的英雄也能成为神，甚至日常生活中的物品中也有神居住。这些成百上千的神，互相关联，并没有引发信仰和宗教的分裂。

中国人构建了一个宏大的神仙系统，让日常生活中处处都有保护神。每位神仙定位不同，岗位不同，分管的事也不同。比如，想结婚的人求月老，想赚钱的人求财神，想长寿的人求寿星，想生孩子的妇女求送子观音，要进考场参加高考、希望顺利升学的学生可以求文曲星；还有住在厨房里的灶神，贴在门上的门神，待在井里的井神，甚至连厕所里都有厕神。

本级词

佛 | fó	Buddha
物品 | wùpǐn	objects
关联 | guānlián	to be connected
信仰 | xìnyǎng	faith, belief
分裂 | fēnliè	to split, to divide
构建 | gòujiàn	to construct
处处 | chùchù	everywhere
定位 | dìngwèi	determined position
岗位 | gǎngwèi	post, position
考场 | kǎochǎng	examination hall

高考 | gāokǎo
National College Entrance Examination

升学 | shēng xué
to go to a school of a higher grade

厕所 | cèsuǒ　　toilet

超纲词

灶 | zào　　stove

灶神张单

灶神的产生与火有关。火的发明和使用，开创了人类文明史上的一个新时代。"灶"作为保存火的地方，自然也受到人们的崇拜。而受人崇拜的物品往往会被人格化。历史上的灶神有男有女，出现过一些不同姓名的灶神。至今仍流传较广的是灶神张单的故事。

张单是个厨师，他的妻子叫丁香，是个勤俭持家的女子。刚结婚时，张家只是中等家庭。在两人的共同努力下，他们的生活越来越顺。富起来的张单开始看不上越来越老的丁香，心里一直想着要另娶一个年轻漂亮的妻子。不久以后，张单就把丁香赶出了家门，娶了一个叫海棠的女子。周围人都不看好他们的婚姻，因为海棠又懒又爱花钱，出手很阔，完全不晓得怎么省钱，也不会安排家里的生活费。几年后，张单也染上了赌博的坏习惯，没多久就赌光了所有财产。海棠就扔下张单偷偷跑了。

什么都没有的张单只得四处要饭。眼看快要过年了，腊月二十三那天，他在一户人家门前要饭时，意外发现开门的主人竟然是丁香。张单羞愧得满脸通红，一头钻进做饭的灶里，死了。

可让人意想不到的是，张单和玉皇大帝有亲属关系。玉皇大帝觉得他做菜一流，也知道羞愧后悔，就这么死了有点儿可怜，就把成仙的名额给了他，让他做了灶神。他的工作本来只是掌管人间的饮食、灶火，要一直待在厨房里。后来，由于他在厨房里常常能听到人们家里发生的大小事情，因此又给他增添了一份监督公众的职责。

灶神有两只罐子，一个叫"善罐"，一个叫"恶罐"。每户人家所做的好事装在善罐里，坏事装在恶罐里。快到年底时，灶神就要上天一趟，把每户人家所做的好事和坏事都提交给玉皇大帝。玉皇大帝则根据灶神通报的情况，来决定这家人明年的命运。做了好事的人会得到好运，而犯了大罪的人，他的寿命会减少300天。即使人们只是犯了小错也会减少3天的寿命。所以，虽然灶神是个初等小神，他其实间接掌握着人们寿命的长短。

灶神每年上天向玉皇大帝汇报工作的日子都是固定的，就是他当年因羞愧而钻进灶台的日子——腊月二十三。人们担心灶神到了天上乱说话，于是，在灶神上天的那个晚上，人们都要为灶神举行隆重的送行仪式。

本级词

通红 | tōnghóng
very red

钻 | zuān
to get into

意想不到 | yìxiǎng bú dào
unexpected

亲属 | qīnshǔ
relatives

名额 | míng'é
number of people assigned or allowed

监督 | jiāndū
to supervise

公众 | gōngzhòng
general public

职责 | zhízé
responsibility, obligation

趟 | tàng
measure word for times of occurrences, round trips

提交 | tíjiāo
to submit a report

通报 | tōngbào
to give information

初等 | chūděng
elementary, primary

长短 | chángduǎn
length

送行 | sòng xíng
to see someone off

仪式 | yíshì
ceremony

超纲词

羞愧 | xiūkuì
ashamed

罐子 | guànzi
jar

隆重 | lóngzhòng
grand, ceremonious

仪式中，人们要跪下向灶神磕头，请求他上天后多说好话，少说坏话。只是请求当然不够，人们还得摆上一些祭拜的物品，比如肉、水果之类的。其中，不能缺少的是酒和糖。酒是为了让灶神喝晕，记不清要汇报的坏事。而糖又甜又黏，灶神吃了糖，就不好再说坏话了。就算想说，嘴也叫糖黏住，说不清楚了。祭拜灶神时，人们总要重复一句话："上天言好事，下界保平安。"意思是：你上天只说好事，就能保佑下边世界的平安。

灶神在天上只待七天。农历腊月三十，也就是一年的最后一天晚上，他就从天上回来了。这天晚上，每家人都要迎接灶神。但与为灶神送行时的隆重相比，迎接灶神的仪式却很简单，只需要在厨房里点一盏灯，照亮他回家的路就可以了。

据《礼记》记载，古代民间会祭拜门、窗户、井、灶和土地。这五种仪式的产生，与当时人们的原始自然崇拜有关。原始崇拜认为，凡是与人们日常生活有关的事物，都有神的存在。因此，灶神、门神、土地公等和日常生活紧密相关的神，都是中国民间最有代表性，群众基础最扎实的神。

灶神产生之初，人们祭拜灶神是为了感谢灶神管理人间饮食。此后，民间又给予灶神监督百姓、记录善恶的职责，意在告诉人们：即使周围无人，也不能做坏事，因为灶神都看着呢！

本级词

之类 | zhīlèi
and so on

凡是 | fánshì
all, every, any

公 | gōng
old man, squire

扎实 | zhāshi
sturdy, solid

超纲词

黏 | nián
sticky

盏 | zhǎn
measure word for lamps, lanterns, etc.

门神双将

在中国，门神算是人们日常生活中最常见的神之一。中国人崇拜门神，大致起源于周朝时期。那时，祭拜门神的活动一般在秋季举行。因为秋季是收获的时节，丰收的粮食储存在家里，自然要请一个神来守着大门。要不然，一年的辛苦就白费了。

早期的门神是一对能捉鬼的兄弟，叫神荼(Shén Tú)和郁垒(Yù Lěi)。他们生活在黄帝时期，虽然看上去很凶，但其实内心十分善良。兄弟两人身体强壮，曾经一道在一棵巨大的桃树下抓住了一群恶鬼，因此受到当地人民的尊敬。后来，黄帝知道了这件事，就让人把桃木刻成神荼和郁垒的样子，叫大家把这两个袖珍小木人挂在家门外，以此来保护一家吉祥平安。

本级词

算是 | suànshì
to be considered

要不然 | yàobùrán
otherwise

凶 | xiōng
fearful

强壮 | qiángzhuàng
strong

一道 | yídào
together

吉祥 | jíxiáng
lucky, auspicious

本级词

要么 | yàome
either

通行 | tōngxíng
current

将军 | jiāngjūn
general

战场 | zhànchǎng
battlefield

搭档 | dādàng
to partner, to pair up

不值 | bùzhí
to be not worth

对外 | duìwài
outward

两侧 | liǎngcè
both sides

超纲词

钉 | dìng
to pin

对联 | duìlián
antithetical couplet

前身 | qiánshēn
predecessor

良心 | liángxīn
conscience

威武 | wēiwǔ
mighty

神荼和郁垒就成为了最早的门神。后来，这个风俗逐渐简单化，变成将桃木板钉在门上，上面要么画着两位门神的样子，要么干脆直接写上两人的名字。这样的形式也被称为"桃符"，也就是对联的前身。

到了唐朝，神荼和郁垒已不再是民间通行的门神了，代替他们的是唐朝最知名的两位将军——秦琼（Qín Qióng）和尉迟恭（Yùchí Gōng）。他们两位帮助皇帝李世民夺取了天下，深得李世民信任。

虽然李世民是一位爱护百姓的好皇帝，但他在当上皇帝之前，曾在战场上杀了无数的敌人，甚至还杀了自己的亲兄弟。因此，他当上皇帝后，常常感到良心不安，晚上总是梦见有恶鬼来找他报仇。这种情况反复出现，持续了好久。

秦琼和尉迟恭听说这件事后，自告奋勇地要守在宫门两旁。两位将军搭档，自然一夜无事。李世民大喜。可几天下来，李世民是睡好了，但两位将军却累得不行了。李世民也知道这不是长久的办法，为了自己能睡好觉，累死两位将军可不值。于是他让人把两位将军威武的形象画下来，将这两幅画像对外挂在宫门两侧。此后，恶鬼再也没有出现过。两位将军的画像后来逐渐传到了民间，成为民间流传最广、影响最大的门神。

一、选词填空。

　　1. 想结婚的人＿＿＿＿＿＿＿＿＿＿　　　　A. 求寿星

　　2. 想赚钱的人＿＿＿＿＿＿＿＿＿＿　　　　B. 求财神

　　3. 想长寿的人＿＿＿＿＿＿＿＿＿＿　　　　C. 求文曲星

　　4. 想生孩子的人＿＿＿＿＿＿＿＿＿　　　　D. 求月老

　　5. 参加考试的学生＿＿＿＿＿＿＿＿　　　　E. 求送子观音

二、根据文章填写正确的词语。

　　1. "灶"作为＿＿＿＿＿＿＿＿＿＿＿的地方，受到人们的崇拜。而受人崇拜的

　　　　物品往往＿＿＿＿＿＿＿＿＿＿＿＿＿＿。

　　2. 灶神原本只需要＿＿＿＿＿＿＿＿＿＿＿＿＿。后来，因为他在厨房里常

　　　　能听到人们聊天，因此又给他增添了一份＿＿＿＿＿＿＿＿＿＿的职责。

　　3. 农历腊月二十三，人们要为灶神举行隆重的＿＿＿＿＿＿＿＿＿＿＿＿＿。

　　　　祭拜的物品中，必不可少的是＿＿＿＿＿＿＿和＿＿＿＿＿＿＿。

　　4. "桃符"就是把桃木板钉在门上，上面要么＿＿＿＿＿＿＿＿＿＿＿＿＿

　　　　＿＿＿＿＿＿＿＿＿＿＿＿，要么＿＿＿＿＿＿＿＿＿＿＿＿＿＿＿＿

　　　　＿＿＿＿＿＿＿＿＿＿＿＿＿。它也是＿＿＿＿＿＿＿的前身。

　　5. 现在民间流传最广、影响最大的门神是＿＿＿＿＿＿＿和＿＿＿＿＿＿＿。

三、思考与讨论。

　　1. 在你们国家，和人们日常生活相关的神仙有哪些？他们分别保佑什么？

　　2. 在中国，真实的历史人物、小说里虚构的英雄等都能成为神。你们国家是否

　　　　有类似的情况？

练习参考答案

1 盘古开天地

一、1. E   2. A   3. C

　　4. F   5. D   6. B

二、1. A   2. C   3. B   4. D

三、略

2 女娲的故事

一、1. ×   2. ×   3. √

　　4. ×   5. ×

二、1. C   2. B   3. C   4. D

三、略

3 伏羲创八卦

一、1. 伏羲　炎帝　黄帝

　　2. 四季变换　残酷的自然环境

　　3. 更易于被人体消化和吸收

　　4. 阴爻　阳爻　气候冷热的循环变化

　　5. 二进制

　　6. 选择住宅　装修设计　公司开业或上市

　　7. 拿火来的人

二、1. B   2. A   3. D

三、略

4 炎帝神农氏

一、1. ×   2. √   3. √   4. ×

　　5. ×   6. ×   7. ×

二、1. C   2. C   3. B

三、略

5 黄帝轩辕氏

一、1. ×   2. √   3. ×

　　4. ×   5. ×

二、1. C   2. D   3. A

　　4. B   5. A

三、略

6 尧帝与舜帝

一、1. C   2. D   3. B   4. B

　　5. A   6. B D E F H   7. C

二、1. √   2. ×   3. √

三、略

7 大禹治水

一、1. 堵　人们居住的家园

　　2. 通　让不通的河流畅通

　　3. 筷子

　　4. 13年　三次路过家门

　　5. 为民奉献

　　6. 懂得动物的语言　禹治理洪水时的助手

　　7. 禅让制　世袭制

　　8. 尧舜禹的时代

　　9. 团队精神　国家和人民

　　10. 九州　九鼎　一言九鼎

二、略

8 后羿射日

一、1. √   2. ×   3. ×

　　4. ×   5. √   6. √

二、1. 再也找不到一片影子　一滴水也没有　被晒得变形了　仿佛已经沸腾了　都要爆了

　　2. 爆炸声　炸开了　仿佛有了一丝冷气

　　3. 彗星撞地球

　　4. 某个部落的一次长途迁徙

三、略

9 嫦娥奔月

一、1. C   2. C   3. A

    4. D   5. B

二、E A D B C

三、略

10 哪吒闹海

一、1. 印度佛教　道教　少儿神

    2. 徒弟　顽皮

    3. 血流满面　威胁

    4. 性格缺陷　牺牲自己

    5. 顽皮胡闹

    6. 愿者上钩

二、1. A   2. C   3. B   4. D

三、略

11 沉香救母

一、1. ×   2. √   3. ×   4. ×

    5. √   6. √   7. ×

二、1. D   2. C   3. A

二、略

12 牛郎织女

一、1. √   2. ×   3. √

    4. ×   5. ×   6. √

二、1. D   2. C   3. D   4. B

三、略

13 白蛇传

一、1. 白蛇传　万事万物都有人情

    2. 杭州　镇江

    3. 端午节

    4. 水漫金山寺

    5. 从各自不同的是非观念出发

二、1. B 2. D 3. A 4. C 5. A

三、略

14 财神爷

一、1. A   2. B   3. C

    4. B   5. A

二、1. 拿薪水的白领和蓝领

    2. 自己创办公司当老板的人

    3. 自己的耳环

    4. 取之有道　视之有度　用之有节

    5. 捐助贫穷的老乡们

三、略

15 灶神和门神

一、1. D   2. B   3. A

    4. E   5. C

二、1. 保存火　会被人格化

    2. 掌管人间的饮食制作　监督公众

    3. 送行仪式　酒　糖

    4. 画着两位门神的样子　干脆直接写上

      两人的名字　对联

    5. 秦琼　尉迟恭

三、略

词汇表

149

图书在版编目（CIP）数据

中国神话与传说 / 张熠程编 . -- 上海：上海外语
教育出版社，2024
（阅读中国·外教社中文分级系列读物 / 程爱民总
主编 . 六级）
ISBN 978-7-5446-7744-8

Ⅰ. ①中… Ⅱ. ①张… Ⅲ. ①汉语—对外汉语教学—
语言读物 Ⅳ. ① H195.5

中国国家版本馆 CIP 数据核字（2023）第 100638 号

出版发行：**上海外语教育出版社**
　　　　　（上海外国语大学内）　邮编：200083
电　　话：021-65425300（总机）
电子邮箱：bookinfo@sflep.com.cn
网　　址：http://www.sflep.com
责任编辑：李海峰

印　　刷：绍兴新华数码印刷技术有限公司
开　　本：787×1092　1/16　印张 10　字数 157千字
版　　次：2024 年 3 月第 1 版　2024 年 3 月第 1 次印刷

书　　号：ISBN 978-7-5446-7744-8
定　　价：49.00 元

本版图书如有印装质量问题，可向本社调换
质量服务热线：4008-213-263